Quick Guide

Quick Guides liefern schnell erschließbares, kompaktes und umsetzungsorientiertes Wissen. Leser erhalten mit den Quick Guides verlässliche Fachinformationen, um mitreden, fundiert entscheiden und direkt handeln zu können.

Weitere Bände in der Reihe
http://www.springer.com/series/15709

Lisa Gradow · Ramona Greiner

Quick Guide Consent-Management

Einwilligungen marketingoptimiert und DSGVO-konform einholen, verwalten und dokumentieren

Lisa Gradow
München, Bayern, Deutschland

Ramona Greiner
Feld M GmbH
München, Deutschland

ISSN 2662-9240   ISSN 2662-9259 (electronic)
Quick Guide
ISBN 978-3-658-33020-0   ISBN 978-3-658-33021-7 (eBook)
https://doi.org/10.1007/978-3-658-33021-7

Die Deutsche Nationalbibliothek verzeichnet diese Publikation in der Deutschen Nationalbibliografie; detaillierte bibliografische Daten sind im Internet über http://dnb.d-nb.de abrufbar.

© Der/die Herausgeber bzw. der/die Autor(en), exklusiv lizenziert durch Springer Fachmedien Wiesbaden GmbH, ein Teil von Springer Nature 2021
Das Werk einschließlich aller seiner Teile ist urheberrechtlich geschützt. Jede Verwertung, die nicht ausdrücklich vom Urheberrechtsgesetz zugelassen ist, bedarf der vorherigen Zustimmung der Verlage. Das gilt insbesondere für Vervielfältigungen, Bearbeitungen, Übersetzungen, Mikroverfilmungen und die Einspeicherung und Verarbeitung in elektronischen Systemen.
Die Wiedergabe von allgemein beschreibenden Bezeichnungen, Marken, Unternehmensnamen etc. in diesem Werk bedeutet nicht, dass diese frei durch jedermann benutzt werden dürfen. Die Berechtigung zur Benutzung unterliegt, auch ohne gesonderten Hinweis hierzu, den Regeln des Markenrechts. Die Rechte des jeweiligen Zeicheninhabers sind zu beachten.
Der Verlag, die Autoren und die Herausgeber gehen davon aus, dass die Angaben und Informationen in diesem Werk zum Zeitpunkt der Veröffentlichung vollständig und korrekt sind. Weder der Verlag, noch die Autoren oder die Herausgeber übernehmen, ausdrücklich oder implizit, Gewähr für den Inhalt des Werkes, etwaige Fehler oder Äußerungen. Der Verlag bleibt im Hinblick auf geografische Zuordnungen und Gebietsbezeichnungen in veröffentlichten Karten und Institutionsadressen neutral.

Planung/Lektorat: Rolf-Guenther Hobbeling
Springer Gabler ist ein Imprint der eingetragenen Gesellschaft Springer Fachmedien Wiesbaden GmbH und ist ein Teil von Springer Nature.
Die Anschrift der Gesellschaft ist: Abraham-Lincoln-Str. 46, 65189 Wiesbaden, Germany

Vorwort

Am 28. September 2011, um 17:33 Uhr, tweetete das satirische Universalgenie Jan Böhmermann: „Wann bekomme ich die Google-AdSense-Paranoia auch im echten Leben? Überall personalisierte Werbung! Das muss aufhören!" (Böhmermann 2020, S. 54). Heute, neun Jahre später, hat Jan Böhmermann es selbst per Einwilligung in der Hand, ob er personalisierte Werbung bekommen möchte oder nicht. Im Idealfall. Warum das so ist, wie es soweit kam und was der derzeitige Status quo im Bereich Consent Management ist, verraten wir Ihnen in diesem Buch.

Shoppen, Reisen buchen, Auto kaufen, Versicherung abschließen – all das machen wir im Internet und besuchen dabei jeden Tag zahlreiche Websites. Mittlerweile gehört es zum guten Ton in unserem Internet-Kulturkreis, Websitebesucher:innen freundlich, teilweise recht aufdringlich, mit Cookies (bzw. einem Cookie-Banner) zu begrüßen. Und wenn uns jemand dermaßen freundlich „Kekse" anbietet, sind wir geneigt, diese auch höflich anzunehmen. Noch vor ein bis zwei Jahren wurde in den meisten Fällen eigentlich nicht gefragt. Und wenn, war es meist nicht als „Angebot zur Annahme" zu verstehen. Vielmehr wurden den Besucher:innen die Cookies in den Rachen gestopft. Technisch heißt das, dass im Moment des Webseitenaufrufes teilweise hunderte Cookies und ähnliche Web-Technologien in die Browser der Besucher:innen gesetzt wurden. Was diese Cookies dann so trieben, war beziehungsweise ist noch immer eine große „Black Box".

Vieles davon entsprach sicherlich nicht unserem Wunsch, wie zum Beispiel das dynamische Pricing. Man schaut einmal nach Hotels für einen kommenden Städtetrip, lässt das ein paar Tage auf sich wirken, kommt dann zurück und findet gestiegene Preise vor. Warum? Weil der Cookie sich gemerkt hat, dass ich in diesem Zeitraum gerne nach Rom möchte. Diese Thematik mit dem Pricing ist zwar schon ein alter Hut[1], aber wegen solcher Praktiken haben Cookies ein schlechtes Image. Gerade Anfang der 2000er kamen immer mehr Technologien auf, die es nicht so gut meinten: Adware, Spyware etc. machten sich breit und oft waren Cookies die Sicherheitslücke, die ausgenutzt wurde, um an die Daten der Nutzer:innen heranzukommen. 2013 enthüllte Edward Snowden die Massenüberwachung der NSA und versetzte Kontinentaleuropa in helle Aufregung. Diese Überwachung war mitunter überhaupt nur möglich, weil Google-Cookies von der NSA „gepiggybacked" wurden. Das bedeutet, die NSA hat sich sozusagen huckepack auf die Google-Cookies gesetzt und dadurch die exakt selben Daten erfassen können wie Google selbst (Soltani et al. 2013).

Auch wegen der Snowden-Enthüllungen bewegte sich der europäische Gesetzgeber und schickte sich an, die Verbraucher:innen zukünftig vor einem solch aufdringlichen Verhalten zu schützen. Gemäß DSGVO sollten die Websitebetreiber doch wenigstens vorher fragen, bevor sie die Nutzer:innen ausspähen. Seit Inkrafttreten der DSGVO im Mai 2018 hat sich nun auch so einiges geändert.

Während am Anfang nur auf wenigen Seiten ein Cookie-Hinweis zu finden war, wird man jetzt überwiegend mit Cookie-Bannern begrüßt, die eine Auswahl zulassen. Teilweise sind sie inzwischen auch eher Cookie *Walls*, also nicht mehr zu umgehen. Anfänglich dachten alle, sie können mit ihren bisherigen „OK"-Cookie-Bannern weiterleben. Doch mit jeder Behördenmeldung, jedem Urteil, jedem Bußgeld und auch

---

[1]Bereits 2001 wurde aufgedeckt, dass Neukund:innen weniger bezahlen mussten als Stammkundinnen (Lotter 2001).

dem Voranschreiten der Industrie wurde immer klarer, das Cookie-Banner von früher, der eher nur ein Hinweis ist, macht's nicht mehr lang.

Doch wenn Verbraucherschutz die Triebfeder des neuen Gesetzes war, wieso wurden Cookies nicht gleich verboten? Nun ja, Cookies bieten auch Vorteile für die Nutzer:innen: Sie merken sich zum Beispiel, dass man eingeloggt ist oder was man in den Warenkorb gelegt hat. So spart man es sich, bei jeder Rückkehr erneut das Passwort eingeben zu müssen oder die Artikel neu zusammensuchen zu müssen.

Um diesen Spagat zu meistern, zwischen den Cookies, deren Vorzüge man ganz gerne genießt, und jenen, die man nicht möchte, wurde eine neue Software-Kategorie geschaffen: die Consent Management Platform (CMP). Heute kann kein Unternehmen, das mit europäischen Kund:innen online Geschäfte machen möchte, auf eine gute Consent-Management-Lösung verzichten. Die rechtlichen Anforderungen einerseits, und der Wunsch nach aussagekräftigen Daten andererseits, zwingen die jeweiligen Abteilungen in den Unternehmen dazu, eine solche Software zu implementieren und bestmöglich umzusetzen. Damit wurden Publisher wie Advertiser Zeugen eines rasanten Aufstiegs des anfangs belächelten Consent Managements bis hin zu den neuen Herausforderungen, die das IAB-Netzwerk für die ganze Branche bereithält. Ein Hauptgrund für diesen Aufstieg ist, dass ein CMP-Unternehmen helfen kann, Strafen wegen DSGVO-Verstößen zu verhindern. Der Prozess zur Inbetriebnahme der CMP bringt die Unternehmen dazu, die eingesetzten Technologien kritisch zu hinterfragen und das Tracking sowie das Cookie-Konzept sauber aufzusetzen und letztlich alles nachvollziehbar dokumentiert zu haben.

Damit können auch Sie und Ihr Unternehmen die größte offene Flanke im Bereich Datenschutz schließen: Ihre Website. Das Setup Ihrer Website kann von jeder und jedem in wenigen Sekunden überprüft werden. Hierzu ist keinerlei interner Zugang nötig. Auch technisch lässt sich über Tools wie *Webkoll* leicht erkennen, welche Daten Sie sammeln und an welche Betreiber diese weitergeleitet werden. Ein Abgleich mit dem Privacy-Banner und der Datenschutzerklärung ist ein Leichtes. Durch einen Screenshot ist Ihr Verstoß für immer festgehalten und kann im Handumdrehen an eine Behörde geschickt werden, sollte es nicht bereits eine Behörde gewesen sein, die die Prüfung durchgeführt hat. Neben einer aufsichtsbehördlichen Prüfung auf Basis einer Stichprobe oder ausgelöst von der Beschwerde eines Betroffenen kann auch eine Abmahnung durch einen Wettbewerber erfolgen. Wenn der Wettbewerber den Klageweg eingeht, kann sich hieraus ein Rechtsstreit entwickeln. Behörden, die einen Anhaltspunkt zur Überprüfung haben, verharren selten bei der Überprüfung Ihrer Cookie-Policy, sondern werden dann mehrere Prozesse im Unternehmen unter die Lupe nehmen. Sie kennen vermutlich alle die neuen Strafen, die die DSGVO ermöglicht: In gravierenden Fällen beträgt der Bußgeldrahmen bis zu 20 Mio. EUR oder bis zu 4 % des gesamten weltweit erzielten Jahresumsatzes im vorangegangenen Geschäftsjahr – je nachdem was höher(!) ist (Art. 83 Abs. 5 DSGVO). Daher ist es ein guter Rat, die Website datenschutztechnisch optimal aufzustellen, um eine Prüfung gar nicht erst zu provozieren.

Der Großteil dessen, was wir Ihnen in diesem Buch an die Hand geben, resultiert aus unserer eigenen Erfahrung, die bei uns beiden bis ganz zu den Anfängen des Consent Managements zurückreicht und ebenso auf aktuellen Beobachtungen und Erkenntnissen fußt (Stand Dezember 2020). Wo hilfreich, beziehen wir uns auf relevante Studien und Artikel wie die ConPolicy-Studie, die vom Justizministerium in Auftrag gegeben wurde und erst im September 2020 erschien (Kettner et al. 2020), oder die Studie von Utz und Kollegen von 2019 (Utz et al. 2019), wobei sich erstere ebenfalls auf zweitere bezieht. Da das Consent-Management aber ein so neues und sich schnell entwickelndes Feld ist, sind vor allem die Zahlen der Utz-Studie nur noch zu einem gewissen Maße belastbar. Sie dienen zwar hervorragend der wissenschaftlichen Auswertung, nicht aber einer aktuellen, leicht umzusetzenden und praxisnahen Hilfestellung für Sie, da die neuen Urteile und auch der TCF 2.0-Standard seit Erscheinen der Utz-Studie das ganze Feld noch einmal verändert haben. Wenn wir uns also auf Zahlen beziehen, sind es solche, die uns noch immer realistisch erscheinen, wenn wir sie mit den Zahlen aus unserer täglichen Praxis vergleichen. Andernfalls ordnen wir die Studienergebnisse kritisch ein.

Betrachtet man die datenschutzrechtliche Gesetzeslage, die Interessen der Nutzer:innen und Unternehmen sowie die technologischen Entwicklungen im Bereich Online-Werbung, ist eines festzuhalten: CMPs sind gekommen, um zu bleiben. Warum das so ist und warum auch neueste Entwicklungen in Marketing und Tracking den CMPs vermutlich nichts anhaben werden, verraten wir Ihnen am Ende des Buchs, damit Sie, mit genug Input versorgt, hoch motiviert in die Umsetzung Ihres eigenen CMP-Projekts starten können. Viel Freude beim Lesen!

Lisa Gardow
Ramona Greiner

Literatur

Böhmermann, J. (2020). *Gefolgt von niemandem, dem du folgst: Twitter-Tagebuch.* 2009–2020. Köln: Kiepenheuer & Witsch.

Kettner, S. E., Thorun, C., & Spindler, G. (2020). ConPolicy. Institut für Verbraucherpolitik. Innovatives Datenschutz-Einwilligungsmanagement. Abschlussbericht. *Bundesministerium der Justiz und für Verbraucherschutz.* https://www.bmjv.de/SharedDocs/Downloads/DE/News/PM/090720_Datenschutz.html?nn=6705022. Zugegriffen: 02. Okt. 2020.

Lotter, W. (2001). Eine Frage des Preises. *brand eins.* https://www.brandeins.de/magazine/brand-eins-wirtschaftsmagazin/2000/design/eine-frage-des-preises. Zugegriffen: 01. Okt. 2020.

Soltani, A., Peterson, A., & Gellman, B. (2013). NSA uses Google cookies to pinpoint targets for hacking. *The Washington Post.* https://www.washingtonpost.com/news/the-switch/wp/2013/12/10/nsa-uses-google-cookies-to-pinpoint-targets-for-hacking/. Zugegriffen: 01. Okt. 2020.

Utz, C., Degeling, M., Fahl, S., Schaub, F., & Holz, T. (2019). (Un)informed Consent: Studying GDPR Consent Notices in the Field. *ACM Conference on Computer and Communications Security.* https://doi.org/10.1145/3319535.3354212. Zugegriffen: 02. Okt. 2020.

Danksagung

Wir danken Peter Leon A. Schiemainski für sein spitzfindiges Korrektorat.

Anmerkung

Wir gendern in diesem Buch. Bei diesen Wörtern gendern wir nicht, da es sich hier in der Regel um Unternehmen handelt:

- Website-Betreiber und App-Betreiber
- Werbetreibender
- Verantwortlicher
- Anbieter

Inhaltsverzeichnis

1	**Rechtliche Grundlagen**	1
1.1	DSGVO allgemein – eine Achterbahn der Gefühle	2
1.2	Cookies & Co. im Rahmen der DSGVO	4
	1.2.1 Was sind Cookies und wie funktionieren sie?	5
	1.2.2 First-Party Cookies, Third-Party Cookies und Ähnliches	7
	1.2.3 Huckepack-Cookies und was es mit dem „Piggybacking" auf sich hat	8
	1.2.4 Real-Time-Bidding – Die Marktschreier-Technologie	9
1.3	Daten nur noch mit Erlaubnis – welche Rechtsgrundlage greift fürs Marketing?	10
	1.3.1 Wann ist eine Einwilligung erforderlich?	10
	1.3.2 Einwilligung vs. Vertrag als Rechtsgrundlage	12
	1.3.3 Das berechtigte Interesse – kein Joker für alles	12
1.4	Aktuelle Rechtsprechung und Urteile	18
	1.4.1 Facebook-Like-Button-EuGH-Urteil	18
	1.4.2 Planet49-EuGH-Urteil	20

	1.4.3 Aufsichtsbehörden – ein europäisches Allerlei an Bußgeldern	23
	1.4.4 Fazit: Urteile & Behörden – da kommt noch was	31
1.5	Weitere Gesetze und Verordnungen	32
	1.5.1 ePrivacy-VO	32
	1.5.2 TTDSG	34
	1.5.3 CCPA	37
1.6	Konform Einwilligen im Web	39
	1.6.1 Freiwilligkeit	41
	1.6.2 Granularität	44
	1.6.3 Spezifisch	44
	1.6.4 Informiertheit	45
	1.6.5 Unmissverständlichkeit	48
	1.6.6 Explizite Handlung	48
	1.6.7 Widerruf der Einwilligung	49
	1.6.8 Dokumentation & Nachweis	50
1.7	Checkliste: Das müssen Websites aufgrund der DSGVO sonst noch tun	51
1.8	Self-Audit – Ist Ihre Website DSGVO-konform?	52
1.9	Was gilt für private Website-Betreiber und Vereine?	55
Literatur		56

2 Das IAB Transparency & Consent Framework – eine Branche rettet sich selbst — 61

2.1	Was ist das TCF 2.0?	65
	2.1.1 Was ändert sich durch das TCF 2.0?	65
	2.1.2 Mit „Stacks" die gesamte Bandbreite an Nutzer:innen befriedigen	66
	2.1.3 Anbieter tragen sich bitte in die Global Vendors List (GVL) ein	68
	2.1.4 Was, wenn Vendoren nicht Teil des TCF und der GVL sind?	68
	2.1.5 Der Google Consent Mode – Google's Angebot abseits des Frameworks	69

		2.1.6	Ist das TCF 2.0 DSGVO-konform und rechtssicher?	70

	2.2	Beispiel eines Userflows in Zeiten von TCF 2.0	70
	2.3	Fazit TCF 2.0 – Eine neue Privacy-First-Ära im Marketing?	74
	Literatur		77
3	**Datenschutz und Programmatic Advertising (Gastbeitrag von Stefanie Scognamiglio)**		**79**
4	**Consent Management Platforms (CMPs) – die neue Software-Kategorie**		**83**
	4.1	Was ist eine CMP?	83
	4.2	Ist eine CMP Processor im Sinne des Art. 28 DSGVO?	85
	4.3	CMP – Make or Buy?	86
	4.4	Checkliste für die Auswahl einer CMP	87
	4.5	Einsatz einer CMP – kein Automatismus für Strafbefreiung	90
	4.6	Anforderungen an eine CMP gemäß TCF 2.0	90
	4.7	Die relevanten Anbieter (Reihenfolge alphabetisch, nur TCF 2.0-konforme CMPs)	95
	4.8	Warum eine „zu lockere" CMP nicht zu empfehlen ist	95
	Literatur		98
5	**Implementierung einer CMP**		**99**
	5.1	Übersicht und Projektplan	99
		5.1.1 In 12 Schritten zur erfolgreichen CMP-Implementierung	99
		5.1.2 Die Ausschreibung	101
		5.1.3 Zusammenspiel der Stakeholder innerhalb der Organisation	102
	5.2	Konfiguration Legal und Design	106
	5.3	Cookie-Identifikation und Clusterung	107

5.3.1	Identifikation aller Cookies	108
5.3.2	Clusterung und Bewertung der Cookies	109
5.3.3	Alle Cookies in einer Cookie-Policy erläutern	110
5.4	Einbau	111
5.4.1	Direkt auf der Webseite	114
5.4.2	Tag-Management	115
5.5	Mobile CMP	115
Literatur		119

6 Bannergestaltung, Opt-in-Optimierung und A/B-Testing — 121

6.1	Der neue (Proxy-)KPI im Marketing: die Opt-in-Rate	122
6.2	Macro-Consent vs. Micro-Consent (Contextual Opt-in)	125
6.3	Die Stellschrauben der Gestaltung und Optimierung	128
6.3.1	Nachjustieren bei der Cookie Clusterung	129
6.3.2	Frequenz und Speicherdauern	130
6.3.3	Wall vs. Banner und Positionierung	131
6.3.4	Wording und (Mehrwert-)Kommunikation	132
6.3.5	Farbpsychologie	140
6.3.6	Nudging	143
6.3.7	Usability	146
6.3.8	Incentives Opt-in und Nutzungsverweigerung	148
6.4	A/B-Testing	152
6.4.1	Voraussetzungen und Hypothesenbildung	152
6.4.2	Möglichkeiten der Durchführung und Tool-Voraussetzungen	153
6.4.3	Auswertung und Iterationen	154
Literatur		155

7 Die neue Macht der Verbraucher:innen – Der Wandel
des Machtgefüges über digitale Identitäten
(Gastbeitrag von Marissa Fuchs) 159
Literatur 163

8 Die Zukunft der Consent-Management-Plattformen –
ein Ausblick 165
   8.1 Universal Consent und Permission Marketing 167
   8.2 Änderungen durch das TTDSG 168
   8.3 Consent Management im Rahmen Ihrer
       Corporate-Digital-Responsibility-Strategie 170
   Literatur 173

9 Fazit und Key-Takeaways 175

Glossar 177

Über die Autorinnen

Lisa Gradow hat seit Ende 2017 den CMP-Anbieter Usercentrics mit aufgebaut. Zuvor war sie im Bereich Legal und Compliance beim digitalen Vermögensverwalter Scalable Capital und setzte operativ die DSGVO mit um. Lisa Gradow ist derzeit stellvertretende Präsidentin des Bundesverbands Deutsche Startups e. V. Des Weiteren ist sie Mitglied im Beirat „Junge Digitale Wirtschaft" und berät in dieser Funktion den Bundeswirtschaftsminister Peter Altmaier. Als Business

Angel investiert sie in innovative Startups z. B. in den Bereichen künstliche Intelligenz, eSports, Games und soziale Netzwerke. Die Expertin für Datenschutz und datengetriebene Business-Modelle spricht häufig auf Konferenzen und schreibt über die Auswirkungen der fortschreitenden Datenkultur.

Dr. Ramona Greiner studierte Philosophie und Kunstgeschichte. Neben ihrer Promotion hat sie ein Startup mitgegründet sowie ein weiteres operativ geleitet. Seit 2017 arbeitet sie als Digital Analytics Consultant bei FELD M, einer Münchner Unternehmensberatung für datengetriebenes Marketing. Dort leitet sie nationale wie internationale Kund:innenprojekte im Bereich Web- und App-Analytics, hält Vorträge und Workshops und berät Kund:innen hinsichtlich Consent Management und ethischen wie rechtskonformen Möglichkeiten der Datenerhebung und -nutzung. Mit Digitaler Ethik und der sozialen Gestaltung der Digitalisierung beschäftigt sie sich außerdem auf politischer Ebene.

Abkürzungsverzeichnis

CCPA	California Consumer Privacy Act
CDR	Corporate Digital Responsibility
DSGVO	Datenschutzgrundverordnung
DSK	Datenschutzkonferenz
ePVO	ePrivacy-Verordnung
GRCh	Charta der Grundrechte der Europäischen Union
RFI	Request for Information
RFP	Request for Product
TCF 2.0	Transparency and Consent Framework
TKG	Telekommunikationsgesetz
TMG	Telemedien-Gesetz
TMS	Tag-Management-System
TTDSG	Telekommunikations-Telemedien-Datenschutz-Gesetz

Abbildungsverzeichnis

Abb. 1.1	Schaubild 3-stufige Prüfung für berechtigtes Interesse	14
Abb. 1.2	Facebook Like-Button implementiert auf der Facebook Seite für Developer	19
Abb. 1.3	Screenshot des Webkoll-Ergebnisses für die Domain (https://new.siemens.com/de/de.html (Stand 2020-11-22 13:29:48 ETC))	55
Abb. 2.1	Screenshot „Consent String" und Bedeutung aus IAB Webinar	63
Abb. 2.2	TCF V1 vs. TCF V2 Purposes (IAB 2020b)	67
Abb. 2.3	Beispiel eines Stacks (Stack 8) (IAB 2020b)	67
Abb. 2.4	Initial Layer CMP auf https://www.tagesspiegel.de/ – 25. September 2020	71
Abb. 2.5	Secondary Layer Path „Einstellungen" – Kategorien auf https://www.tagesspiegel.de/ – 25. September 2020	72
Abb. 2.6	Secondary Layer Path „Einstellungen" – Kategorien aufgeklappt auf https://www.tagesspiegel.de/ – 25. September 2020	73
Abb. 2.7	Secondary Layer Path „Funktionen" auf https://www.tagesspiegel.de/ – 25. September 2020	74

Abb. 2.8	Secondary Layer Path „Funktionen" aufgeklappt auf https://www.tagesspiegel.de/ – 25. September 2020	75
Abb. 2.9	Secondary Layer Path „Anbieter" auf https://www.tagesspiegel.de/ – 25. September 2020	76
Abb. 2.10	Secondary Layer Path „Anbieter" aktiviert auf https://www.tagesspiegel.de/ – 25. September 2020	77
Abb. 4.1	Consent Management Platform (CMP)	85
Abb. 4.2	Offizielles Zertifikat des IAB für TCF 2.0-validierte CMPs	94
Abb. 4.3	IAB Europe Transparency & Consent Framework Policies, Chapter IV: Policies for Publishers, 23. Managing Purposes and Legal Bases	97
Abb. 5.1	Stakeholder-Zusammenspiel	103
Abb. 5.2	Just-in-Time Consent Popups. (OneTrust 2019)	116
Abb. 5.3	Full Screen Consent Overlay und Mobile Preference Center. (OneTrust 2019)	117
Abb. 6.1	Micro-Consent-Banner auf Spiegel.de (Stand September 2020)	127
Abb. 6.2	Übersicht, welche Banner-Positionen empfohlen sind und welche nicht	133
Abb. 6.3	Consent-Banner auf zalando.de (Stand September 2020)	134
Abb. 6.4	Consent-Banner auf esprit.de (Stand September 2020)	136
Abb. 6.5	Consent-Banner auf here.com	140
Abb. 6.6	Empfohlene Standard-Farbgestaltung	143
Abb. 6.7	Lufthansa Consent-Banner (Stand Oktober 2020)	146
Abb. 6.8	Re-Consent-Banner auf usercentrics.com/de/ (Stand Oktober 2020)	150
Abb. 6.9	Privacy Wall in der „Freemium-Variante" auf zeit.de (Stand September 2020)	151

1
Rechtliche Grundlagen

Zusammenfassung

Was Sie aus diesem Kapitel mitnehmen

- Wo die DSGVO herkommt, wo sie hinwill und wieso viele Unternehmen so spät dran sind
- Was Cookies eigentlich sind und wie sie funktionieren
- Unter welchen Voraussetzungen Cookies und ähnliche Technologien rechtmäßig eingesetzt werden dürfen: Einwilligung vs. Vertrag vs. berechtigtes Interesse
- Welche Urteile und Bußgelder es im Zusammenhang mit CMPs bereits gab und welche Konsequenzen daraus resultieren
- Wie die Aufsichtsbehörden in Deutschland und anderen Ländern strukturiert sind und welche Meinungen diese hinsichtlich Cookies und CMPs vertreten
- Welche Gesetze und Verordnungen neben der DSGVO wichtig für Sie sein könnten
- Was Sie bei der DSGVO-konformen Einwilligung beachten müssen

- Eine Checkliste zu weiteren relevanten Inhalten der DSGVO sowie eine Hilfestellung für Ihren Self-Audit

1.1 DSGVO allgemein – eine Achterbahn der Gefühle

Die DSGVO verfolgt zwei klare Ziele: Sie soll personenbezogene Daten schützen und gleichzeitig den freien Datenverkehr innerhalb des Europäischen Binnenmarktes gewährleisten. Eigentlich recht einfach und nachvollziehbar. Doch genau darin liegt auch schon eine Schwierigkeit, denn die Interessen der betroffenen Bürger:innen sind oft gegensätzlich zu den Interessen der Organisationen, die mit den Daten hantieren.

Wer sich für die Hintergründe des Gesetzgebungsverfahrens interessiert, dem sei die Dokumentation „Democracy" von David Bernet empfohlen (Bernet 2015). Sie begleitet Jan Philipp Albrecht, ehemaliger Europaabgeordneter für die Grünen und Berichterstatter (sog. *Rapporteur*) für die DSGVO, sowie die damalige EU-Kommissarin Viviane Reding (EVP) beim Entstehungsprozess der Europäischen Datenschutz-Grundverordnung. In der Dokumentation wird sehr anschaulich gezeigt, wie unglaublich schwierig es war, dieses Gesetz durchzubekommen – und dass es dabei um nichts Geringeres als unsere digitale und höchstpersönliche Souveränität ging. Viele verschiedene Wirtschaftsvertreter haben alles versucht, um dieses Gesetz zu verhindern. Doch am Ende war das Momentum durch die Enthüllungen Snowdens so stark, dass die Abgeordneten sich durchrangen und das Gesetz 2016 mit einer zweijährigen Übergangsfrist verabschiedeten.

Die zwei Jahre Vorsprung nutzten natürlich die wenigsten Unternehmen. Das lag einerseits am „Wollen" sowie am „Hoffen", dass es schon nicht so schlimm kommen wird, aber sicherlich auch am „Können". Das Ziel „DSGVO-Konformität" wurde vielerorts nicht zur Priorität gemacht. Somit wurden auch keine dedizierten Kapazitäten freigeschaufelt oder aufgebaut. Andererseits waren die meisten Unternehmen auch schlichtweg überfordert. Keiner wusste, wie sie denn nun genau aussehen soll, diese „DSGVO-Konformität". So bahnte sich, je näher das Inkrafttreten kam, eine Panikwelle an, die ihren Höhepunkt rund um den 25. Mai 2018 fand. Die allgemeine Erwartungshaltung hatte sich soweit zugespitzt, dass man fürchtete, am 26. Mai würden sofort Köpfe rollen. Das passierte natürlich nicht, denn die behördliche Durchsetzung von Gesetzen geht immer mit einer gewissen Verzögerung einher. Also ließ die Guillotine gnädigerweise noch einige Monate auf sich warten. Nachdem nichts (für die Öffentlichkeit Sichtbares) passierte, das heißt keine Abmahnwelle, keine flächendeckenden Strafen, keine drastischen Maßnahmen, machte sich allgemeine Gleichgültigkeit breit. Die DSGVO, am Ende doch ein zahnloser Tiger?

Nur langsam aber stetig mehrten sich über die nächsten Monate die Meldungen. Am Ende war es ein bisschen wie beim Frosch im heißer werdenden Wasser. Man hat gar nicht gemerkt, dass es auf einmal kochend heiß war. Wann genau der Siedepunkt erreicht war, lässt sich schwer festlegen. Ein erster Hitzeschock löste das 50 Mio. EUR Bußgeld der Französischen Behörde CNIL gegen Google im Januar 2019 aus. Doch man verfiel dadurch leicht dem Glauben, es würde jetzt vor allem erst mal den Großen an den Kragen gehen. Die Illusion verpuffte, als dann kurz vor der Sommerpause 2019 der EuGH das Facebook Like-Button Urteil gegen das deutsche Modehaus Peek & Cloppenburg verkündete. Noch heißer wurde es dann am 1. Oktober 2019: Da wurde das lang erwartete Planet49-Urteil bekannt gegeben, was allgemein auf eine murrende „Na gut, wenn's denn unbedingt sein muss"-Stimmung traf. Um auch keine Zweifel offen zu lassen, ließ der Bundesdatenschutzbeauftragte Ulrich Kelber in einer Pressemitteilung verlauten, dass Google Analytics nur mit Einwilligung der Nutzer:innen verwendet werden darf. Er setzte noch einen oben drauf und meinte, dass hoffentlich mittlerweile jeder und jedem klar sei, „dass dies nicht mit einfachen Informationen über sogenannte Cookie-Banner oder voraktivierte Kästchen bei Einwilligungserklärungen funktioniert […]" (BfDI 2019a). Ein Wink mit dem Zaunpfahl Richtung CMPs!

Was den Unternehmen aber abseits der Urteile und des Behördengetrommels wirklich Beine machte, war Googles Beitritt zum IAB Industriestandard Transparency & Consent Framework. Das bedeutete, dass Google die Einwilligung nicht nur in den AGB, sondern auch tatsächlich programmatisch einfordern würde. Kein Consent, keine Kampagne: ein weitaus größeres Horrorszenario für alle Werbetreibenden und Publisher als drohende Bußgelder. Einer gewissen Ironie entbehrt es nicht, dass am Ende gerade Google dafür sorgt, dass das Gesetz in aller Breite und Finesse durchgesetzt wird. Dem Gesetzgeber soll's recht sein.

So kam es, dass die DSGVO für die meisten Bürger:innen zunächst vor allem durch große Privacy Walls (= Cookie Wall; ohne Interaktion mit diesen Bannern kann die Website nicht vollständig genutzt werden) auf den Webseiten in Erscheinung trat. Inzwischen hat sich das Thema CMP einen Platz im Standardrepertoire der, zumindest nach außen hin, DSGVO-konformen Unternehmen erarbeitet. Durch eine CMP können Unternehmen im digitalen Schaufenster des 21. Jahrhunderts beweisen, dass sie den Datenschutz ernst nehmen, indem sie den Nutzer:innen die Wahl lassen. Damit, so die Überlegung vieler Unternehmen, wird man vielleicht auch von einem tiefergehenden Blick der Aufsichtsbehörden verschont – denn da wird's richtig heiß.

1.2 Cookies & Co. im Rahmen der DSGVO

Ein realistisches Szenario eines Webseitenbesuches prä-DSGVO (und oft noch post-DSGVO): Wir rufen im September 2020 die Webseite einer der meistgelesenen deutschen Zeitungen auf. Dabei werden sofort 19 Cookies in unserem Browser abgelegt sowie 264 URL-Requests von 25 eindeutigen *(uniquen)* Hosts aufgerufen. Ohne unsere Zustimmung. Für uns quasi unsichtbar. Außer man weiß, wo man gucken muss, aber welcher normale Mensch weiß das schon?! Die wenigsten Nutzer:innen sind sich darüber bewusst, dass dieser Vorgang vonstattengeht und noch weniger über dessen Ausmaße. Und das, obwohl jeder, der sich im Internet bewegt, mehrmals täglich und immer wieder über das Wort „Cookies" stolpert. Es ist so gegenwärtig, dass viele sich wahrscheinlich gar nicht trauen würden, zuzugeben, dass sie keinen blassen Schimmer haben, was genau es damit auf sich hat.

1.2.1 Was sind Cookies und wie funktionieren sie?

Damit Sie künftig in lockerer Plauderrunde mit Ihrem Wissen glänzen können, was diese Cookies eigentlich sind, von denen alle sprechen, hier eine Erklärung: Cookies gibt es bereits seit 1994. Sie wurden bei Netscape erfunden, da Internetseiten damals das Problem hatten, dass sie keinerlei Informationen über ihre Nutzer:innen speichern konnten. Was heute für leidenschaftliche Datenschützer:innen vielleicht sehr erstrebenswert klingt, hat in der Praxis aber echte Tücken. Erst Cookies lieferten nämlich einen Mechanismus, um Webseitenkonfigurationen, Login-Details oder hinzugefügte Produkte im Warenkorb zu speichern – und dies sogar über die Dauer eines Webseitenbesuchs hinaus. Somit lieferten Cookies einen wesentlichen Beitrag für die Funktionsweise des Internets, wie wir es heute kennen. Neben diesen ganz praktischen und aus heutiger Sicht unverzichtbaren Funktionalitäten wurden Cookies mit der Zeit aber auch zu Werbezwecken verwendet, um gezielt eine gewisse Personengruppe anzusprechen oder das Verhalten von Nutzer:innen über verschiedene Websites hinweg zu verfolgen. Wegen der Menge an persönlichen Daten, die in Cookies gespeichert werden können und der daraus resultierenden Möglichkeit für Nachverfolgung und Profilbildung ergeben sich allerdings auch Datenschutzprobleme. Diese spiegeln sich in den jüngsten Richtlinien, Verordnungen und Gesetzen sowie in technologischen Rahmenbedingungen (z. B. ITP) wider.

Nun aber Tacheles: Was genau also ist ein Cookie und wie funktioniert er? Cookies sind kleine Textdateien, die beim Besuch einer Webseite auf dem Gerät der Besucher:innen abgelegt werden. Ein Cookie dient der Webseite als „Gedächtnis", um Informationen über den Besucher zu speichern (zum Beispiel den Inhalt des Warenkorbs). In dieser Datei können für die Seite nun fortlaufend relevante Daten zu den Besucher:innen gespeichert werden. In der Praxis läuft das so: Wenn Nutzer:innen eine Internetseite aufrufen, verbindet sich der Browser mit der jeweiligen Website. Dabei wird ein Request an den zugehörigen Server geschickt. Nun gibt es zwei Möglichkeiten, einen Cookie zu setzen: Der Cookie wird entweder direkt im Browser erzeugt und abgespeichert oder von dem Server gesetzt und an den Browser übermittelt. In beiden Fällen wird die Datei im Browser der Nutzer:in gespeichert. Solange der Cookie besteht, können bei jeder weiteren Seite oder jedem weiteren Besuch die Informationen erneut ausgelesen und gegebenenfalls verändert oder ergänzt werden.

Falls Sie diese Erklärung zu technisch fanden, können Sie sich Cookies auch als eine Art *Namensschild* vorstellen. Eine Kundin, die Ihren Laden zum ersten Mal betritt, wird von Ihnen gefragt, ob sie gerne ein Namensschild möchte. Wenn sie einwilligt, heften Sie ihr das Namensschild ans Revers (= Cookie wird im Browser gesetzt). Sie stöbert durch Ihr Geschäft (= besucht verschiedene Seiten auf Ihrer Internetpräsenz) und Sie tragen am Ende ihres Besuches noch zusätzlich auf dem Namensschild ein, dass sich Ihre Kundin für das Parfum „L'odeur" und die Bohrmaschine „Breakthrough" interessiert (= Merkzettel oder Warenkorb). Nun kann die Kundin das Namensschild zuhause natürlich abnehmen und wegwerfen (= Cookies im Browser löschen), aber dann muss sie beim nächsten Besuch in Ihrem Geschäft wieder von vorne anfangen. Wenn sie nun aber mit dem Namensschild zurückkommt, können ihr alle Angestellten im Laden sofort helfen und sie fragen, ob sie noch weiter stöbern oder gleich bezahlen möchte (= Check-Out).

Diese Vereinfachung ist nicht hundertprozentig korrekt: Zum Beispiel wurden weder Logins berücksichtigt, noch wurde auf die verschiedenen Arten von Cookies eingegangen. Aber es hilft Ihnen, sich auch langfristig zu merken, was Cookies eigentlich sind, damit Sie auch den folgenden rechtlichen Ausführungen gut folgen können. Bevor wir aber dorthin kommen, müssen wir zumindest eine Cookie-Kategorie noch näher betrachten: Third-Party Cookies, also Cookies von Dritten. Um an die obige Vereinfachung anzuknüpfen, stellen Sie sich vor, Sie fragen die Kundin, ob Sie auch im Namen des Zeitschriftenladens auf der anderen Straßenseite ein kleines Schild hinzufügen dürfen, mit Informationen über ihren Besuch und ihre Interessen bei Ihnen im Laden, damit sie gegenüber auch gut beraten werden kann. So in etwa funktionieren Third-Party Cookies.

1.2.2 First-Party Cookies, Third-Party Cookies und Ähnliches

Generell unterscheidet man zwischen First-Party Cookies und Third-Party Cookies. Technisch gesehen gibt es in Bezug auf die gespeicherten Informationen und Funktionalitäten jedoch keine großen Unterschiede. Der zentrale Unterschied besteht darin, wie Cookies gesetzt werden und in welchem Kontext: First-Party Cookies werden über die Domain (Website), auf der man sich befindet, gespeichert und ermöglichen es dem Websitebetreiber, bestimmte Einstellungen und Handlungen der Nutzer:innen zu speichern (z. B. Sprache, Warenkorb, etc.) oder um Analytics-Daten zu erheben. Third-Party Cookies werden von Domains außerhalb der Website gesetzt. Sie werden beispielsweise für Cross-site Tracking, Re-Targeting und Werbeausspielung verwendet.

Problematisch ist hierbei vor allem die heutige Praxis: First-Party Cookies werden aktuell noch als Schlupfloch für AdTech-Unternehmen genutzt, indem Third-Party Cookies in First-Party Cookies verschoben werden und im Hintergrund Daten zwischen den Websites synchronisiert werden. Der Third-Party-Cookie wird dann als First-Party Cookie identifiziert, sammelt aber dennoch dieselben Nutzer:innendaten für Analyse- und Marketingzwecke (Deiwick 2020). Datenschutzrechtlich ist dies ebenfalls unzulässig, „da es bei der Zustimmung zum Umgang mit personenbezogenen Daten nicht auf die Fragestellung nach einem First- oder Third-Party-Cookie ankommt." (Deiwick 2020, o. S.). Das bedeutet, dass derzeit beim Cookie-Consent nicht unterschieden wird, von welcher Domain die Cookies kommen. Das zeugt zum einen nicht von Transparenz seitens der Websitebetreiber, zum anderen kann ein:e Websitebesucher:in so keine richtige, informierte Zustimmung geben, da ihm/ihr nötige Informationen fehlen. In unserem Beispiel wäre es so, als würde die Kundin nur das erste Namensschild bekommen, Sie als Besitzer:in des Ladens würden aber noch während des Besuches Ihrer Kundin beim Zeitschriftenladen gegenüber anrufen, um mitzuteilen, für welche Produkte sich die Kundin offensichtlich interessiert oder wie sie heißt.

Cookies sind zwar die bekannteste Webtechnologie, aber bei weitem nicht die einzige. Es gibt viele alternative Tracking-Technologien wie Pixel, Fingerprints, Google-ID und E-Tags. Diese erlauben ebenfalls personenbezogene Auswertungen. Wenn also in der DSGVO oder im Folgenden die Rede von Cookies ist, sind damit sämtliche dieser Tracking-Technologien gemeint und somit gelten alle Vorschriften auch für diese. Auch sie sind nur noch nach einer ausdrücklichen Zustimmung der Nutzer:innen zulässig.

1.2.3 Huckepack-Cookies und was es mit dem „Piggybacking" auf sich hat

Neben Cookies gibt es noch sogenannte URL Requests. Über diese werden ebenfalls Daten an Dritte weitergegeben. Meist funktioniert dies technisch über sogenanntes Piggybacking (deutsch: Huckepack). Man kann es sich tatsächlich so vorstellen, dass ein Cookie (oder Ähnliches) ein anderes Tag huckepack nimmt. Das Tag, das auf der Seite verbaut ist, nennt man Container-Tag (Klampfl 2020). Der Sinn dahinter ist, dass man es sich spart, unzählige Cookies tatsächlich auf der Seite zu verbauen, da dies unter anderem die Ladegeschwindigkeit beeinträchtigen würde. Es können auch mehrere Piggyback-Tags hintereinander gehängt werden, sodass eine Datenkette entsteht. Aber auch die benötigen eine Ladezeit, das heißt, irgendwann könnte auch ein Piggybacking-Konstrukt dazu führen, dass die Seite nicht mehr schnell lädt. Grundsätzlich ist Piggybacking datenschutzrechtlich problematisch, denn die Datenweitergabe ist noch weniger sichtbar für die Nutzer:innen als bei Cookies, die tatsächlich auf dem Endgerät gesetzt werden. Ebenso steigt die Gefahr für Datenlecks, also die Übermittlung der Daten an Unbefugte, je mehr Dritte involviert sind (Klampfl 2020).

1.2.4 Real-Time-Bidding – Die Marktschreier-Technologie

Man muss wissen, dass viele Cookies und URL-Requests zu Werbezwecken im Zusammenhang mit einer Technologie namens Real-Time-Bidding (RTB) stehen, welche von Datenschützer:innen besonders scharf kritisiert wird. RTB ist der Grund, warum wir so verblüffend passende Werbeanzeigen sehen. Es findet eine **Auktion** statt, bei der Werbetreibende **in Echtzeit** für eine bestimmte Zielgruppe bieten können, die sie über Ad Exchanges erreichen möchten. Das Ergebnis der Auktion ist, dass uns eine Anzeige auf der Webseite oder in der App eines Publishers ausgestrahlt wird. Diese Auktionen finden täglich **hunderte Milliarden Mal** statt (Brave 2019). Dadurch werden sämtliche Onlinegewohnheiten von Internetnutzer:innen im Ökosystem der Datenbroker durchgereicht. Denn damit man uns so zielgenau erreichen kann, werden Profile von uns aufgebaut, die personenbezogene Daten wie z. B. die URL jeder Seite, die wir besuchen, unsere IP-Adresse (aus der sich unsere geografische Position ableiten lässt), Geräteinformationen und diverse IDs, die zuvor über uns gespeichert wurden, enthalten.

Man kann es sich vorstellen wie auf einem Marktplatz. Da schreit der Marktschreier in eine Menge und alle hören zu. Je mehr Informationen der Marktschreier zu den Nutzer:innen liefert, desto höher das Gebot und der Preis und desto größer das Interesse, diese gut profilierten Nutzer:innen zu bewerben. Deswegen wird von einigen Behörden in Frage gestellt, ob RTB als solches überhaupt jemals DSGVO-konform sein kann (siehe Abschn. 1.4.3). Der Grund: Es liegt in der Natur der Sache, dass man nicht immer vorhersagen kann, wer wann welche Daten von Nutzer:innen bekommen wird. Sollen Nutzer:innen einer Blankoerlaubnis zustimmen? Dies ist definitiv eine der heiß diskutierten Fragen mit großen ökonomischen Auswirkungen im Kontext der DSGVO.

> **Cookie als Oberbegriff**
>
> Zur Verständlichkeit verwenden wir den Begriff Cookies als Oberbegriff für ähnliche Technologien wie Pixel, Tags, Fingerprints, Tracker, URL-Requests etc.

1.3 Daten nur noch mit Erlaubnis – welche Rechtsgrundlage greift fürs Marketing?

In Art. 6 Abs. 1 DSGVO sind sechs gleichrangige und gleichwertige Rechtsgrundlagen vorgesehen, auf Basis derer eine Datenverarbeitung rechtmäßig ist (sog. Erlaubnistatbestände). Für Cookies und Marketingzwecke kommen generell drei in Betracht:

1. Art. 6 Abs. 1 lit. A) DSGVO – Einwilligung
2. Art. 6 Abs. 1 lit. B) DSGVO – Vertrag
3. Art. 6 Abs. 1 lit. F) DSGVO – Interessenabwägung

Diese Überlegung und Entscheidung ist aus zwei Gründen sehr wichtig. Erstens müssen Unternehmen als Teil ihrer Rechenschaftspflicht (Art. 5 Abs. 2 DSGVO) nachweisen, dass sie Daten rechtmäßig verarbeiten. Also muss **vorab** geprüft und dokumentiert werden, auf welche Rechtsgrundlage nach Art. 6 DSGVO man sich stützt. Zweitens richtet sich danach, wie viele Daten die Marketingabteilung zukünftig zur Verfügung hat. Bei der Einwilligung kann man nicht mehr mit der 100 %igen Datengrundlage rechnen, was wiederum erhebliche Auswirkungen auf den ROI von Online Marketing hat und damit auch auf den Umsatz.

1.3.1 Wann ist eine Einwilligung erforderlich?

Um zu entscheiden, für welche Cookies Sie nun eine Einwilligung brauchen, gilt die folgende grobe Daumenregel (Greiner und Helbing 2019): Funktioniert die Website bei objektiver Betrachtung eigentlich auch ohne den Cookie, dann ist er nicht erforderlich und bedarf einer Einwilligung. Bei manchen Cookies kann diese Einschätzung zu Diskussionen führen, bei anderen können wir Ihnen Entwarnung geben. Diese Cookies bedürfen **keiner** Einwilligung (essentiell/notwendig):

- Cookies, die das „Eingeloggt-bleiben" ermöglichen, sodass man sich nicht etwa nach jedem Seitenaufruf erneut einloggen muss.
- Cookies, die den Warenkorb verwalten, also z. B. Artikel speichern, damit diese beim Zurückkehren auf die Webseite immer noch im Warenkorb liegen.
- „Eingeloggt bleiben", oder „An mich Erinnern"-Cookies, wenn die Nutzer:innen diese Funktionalität explizit möchten und angefordert haben, indem sie etwa einen Haken auf der Login Page gesetzt haben.

Sofern keine geräteübergreifende oder websiteübergreifende Auswertung des Surfverhaltens erfolgt und es sich um eine sogenannte bloße „Reichweitenmessung" handelt, benötigt die Analyse der Webseitenbesucher:innen durch den Anbieter selbst oder einen Auftragsverarbeiter, der die Daten nicht für eigene Zwecke nutzt, **wohl keine Einwilligung.** Dies ist aber im Einzelfall zu prüfen (beim Einsatz von Google Analytics ist die Einwilligung laut Bundesdatenschutzbeauftragten beispielsweise geboten). Cookies, auf die das zutrifft, werden im Cookie-Konzept meist als „Funktional" oder eventuell unter „Analytics" zusammengefasst.

Cookies zur geräteübergreifenden oder webseitenübergreifenden Nutzer:innenverfolgung, Cookies für Zwecke der gezielten interessenbezogenen Werbung/Re-Marketing, sowie Third-Party Cookies, bei denen der Drittanbieter Daten sammelt, die er auch für eigene Zwecke nutzt (z. B. „Produktverbesserung"), benötigen hingegen **wohl eine Einwilligung** und werden ebenfalls entweder als „Analytics" oder gleich als „Marketing" klassifiziert. Auch hier gilt, dass Sie sowohl die Einteilung der Cookies, als auch die Benennung der Kategorien, sowie das jeweilige Einwilligungserfordernis unbedingt mit Ihrer Rechtsabteilung klären sollten. Weitere Informationen zur Clusterung der Cookies und zur Erstellung des Cookie-Konzepts finden Sie im Abschn. 5.3.

Wenn die Lebensdauer des Cookies die Dauer der Browsersitzung bzw. einige wenige Stunden übersteigt (sog. *persistente* Cookies), ist das auch ein Indiz, dass das Cookie nicht unbedingt erforderlich ist. Selbiges gilt bei Third-Party Cookies.

Wenn sensible Daten im Spiel sind (z. B. Gesundheitsdaten) oder die Nutzer:innen auf den Besuch der Website angewiesen sind (z. B. Stadtverwaltung, öffentlicher Versorger, Monopolist) oder vor allem Kinder das Angebot nutzen, sind besonders strenge Maßstäbe anzulegen. Hier sind im Zweifel Cookies nur mit Einwilligung zu setzen.

1.3.2 Einwilligung vs. Vertrag als Rechtsgrundlage

Der Vertrag ist eine weitere valide Rechtsgrundlage für eine Datenverarbeitung. Vor allem hinter einer Login Wall und in Apps wird häufig dieser Weg gewählt. Doch ob sich das auch als Rechtsgrundlage für Tracking, Re-Marketing, Analytics etc. eignet, ist zu bezweifeln. In Art. 6 Abs 1 lit. b) DSGVO wird der Rahmen für die Zulässigkeit als Rechtsgrundlage schon eng gesteckt und ist nur dann rechtmäßig, wenn gilt:

„[…] die Verarbeitung ist für die Erfüllung eines Vertrags, dessen Vertragspartei die betroffene Person ist, oder zur Durchführung vorvertraglicher Maßnahmen erforderlich, die auf Anfrage der betroffenen Person erfolgen;"

Das neue deutsche Datenschutzgesetz TTDSG könnte die Frage nach der Einwilligung per Vertragsgestaltung erneut stellen. Dazu aber mehr im entsprechenden Kapitel.

1.3.3 Das berechtigte Interesse – kein Joker für alles

Das berechtigte Interesse gemäß Art. 6 Abs. 1 lit. f) DSGVO hört sich erst einmal nach einem Joker für alles Mögliche an. Die DSK (Datenschutzkonferenz = Konferenz der unabhängigen Datenschutzbehörden des Bundes und der Länder) bringt das auf den Punkt und bezeichnet den Anwendungsbereich als weit und unspezifisch (DSK 2019, S. 11). Aber das trifft sich gut, denn Unternehmen mangelt es auf jeden Fall nicht an Interessen. Und warum sollte ein wirtschaftliches Interesse grundsätzlich nicht legitim sein? Schließlich leben wir in einer Marktwirtschaft und wenn ich mehr Taschen verkaufen kann, indem ich beobachte und analysiere, wie sich meine Kund:innen verhalten, dann sollte das doch ein nachvollziehbares und vertretbares Interesse sein. Oder?

Das ist in jedem Fall eine nachvollziehbare Argumentation seitens des Unternehmens. Aber es muss auch das konkrete Interesse der Betroffenen, also der Nutzer:innen, gegenübergestellt werden. Um das zu ergründen, muss man sich in die Nutzer:innen hineinversetzen. Wie fühlt man sich wohl dabei, beobachtet zu werden? Fühlen wir uns nicht alle ein bisschen unwohl, wenn die Verkäuferin im Laden um uns herum pirscht und auf der Lauer liegt?

Doch wer entscheidet nun, ob das Recht auf Privatsphäre der Betroffenen höher zu bewerten ist als das wirtschaftliche Interesse eines Unternehmens, mehr Umsatz zu machen? Damit das nicht allerorts zur Bauchentscheidung wird oder gar das Recht des (wirtschaftlich) Stärkeren entscheidet, hat **die Rechtsprechung drei Bedingungen entwickelt, die ein berechtigtes Interesse begründen.**[1] Wichtig ist, dass diese drei Kriterien **kumulativ** vorliegen müssen. Sind nur zwei von dreien erfüllt, liegt kein berechtigtes Interesse vor.

1. Stufe: Hat der Verantwortliche oder ein Dritter ein berechtigtes Interesse, die Daten zu verarbeiten?
2. Stufe: Ist die Datenverarbeitung erforderlich, um dieses Interesse zu wahren?
3. Stufe: Wägt man dieses Interesse mit den Interessen, Grundrechten und Grundfreiheiten der betroffenen Person im konkreten Einzelfall ab, überwiegt dann das Interesse des Verantwortlichen? (Abb. 1.1)

Wenn Sie von der Griffigkeit dieser drei Kriterien etwas enttäuscht sind, dann ist das nachvollziehbar. In der Praxis herrscht trotz dieser Prüfung nämlich auch noch Rechtsunsicherheit. Ob ein berechtigtes Interesse

---

[1] Entspricht der Rechtsprechung des EuGH und der Auffassung der europäischen und deutschen Aufsichtsbehörden.

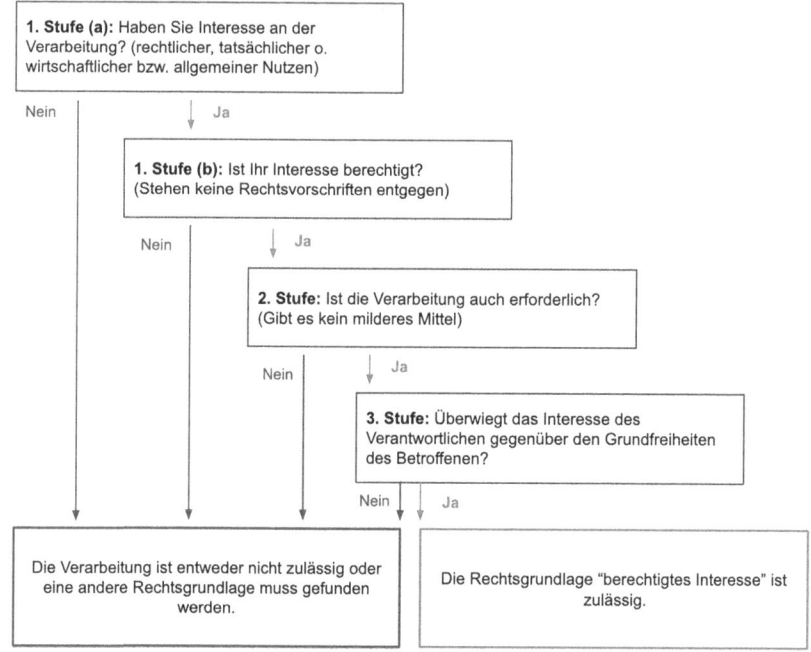

Abb. 1.1 Schaubild 3-stufige Prüfung für berechtigtes Interesse

tatsächlich vorliegt, muss für jeden Einzelfall beleuchtet und abgewogen werden.

1. Stufe: berechtigtes Interesse ja/nein?

Die DSGVO spezifiziert nur vereinzelt, was als berechtigtes Interesse gilt. Orientieren kann man sich an einzelnen Erwähnungen, wie beispielsweise dem Erwägungsgrund 47 Direktmarketing.

Die DSK hat aus Konsultationen mit Unternehmen mögliche berechtigte Interessen herausgearbeitet, wenn Tracking-Daten verarbeitet werden (DSK 2019):

- „Bereitstellung besonderer Funktionalitäten, z. B. die Warenkorb-Funktion unter Verwendung eines sog. Session-Identifiers,
- Freie Gestaltung der Website auch unter Effizienz- und Kosteneinsparungserwägungen, z. B. Einbindung von Inhalten, die auf anderen

Servern gehostet werden, Nutzung von Content Delivery Networks (CDN), Web Fonts, Kartendiensten, Social-Plugins etc.
- Integrität und Sicherheit der Website; IT-Security-Maßnahmen sind bspw. das Speichern von LogDateien und insbesondere IP-Adressen für einen längeren Zeitraum, um Missbrauch erkennen und abwehren zu können,
- Reichweitenmessung und statistische Analysen,
- Optimierung des jeweiligen Webangebots und Personalisierung/Individualisierung des Angebots abgestimmt auf die jeweiligen Nutzer:innen,
- Wiedererkennung und Merkmalszuordnung der Nutzer:innen, z. B. bei werbefinanzierten Angeboten
- Betrugsprävention, Abwehr von den Dienst überlastenden Anfragen (Denial of Service-Attacken) und Bot-Nutzung".

Soweit so gut, aber das berechtigte Interesse allein reicht noch nicht aus.

2. Stufe: Erforderlich ja/nein?
Weiterhin muss die Datenverarbeitung als solche auch erforderlich sein. Das ist dann der Fall, wenn die Datenverarbeitung die einzige Möglichkeit ist, wie der Verantwortliche zur Erfüllung seines Interesses kommen kann. Es darf kein alternatives oder milderes aber gleich effektives Mittel geben. Deswegen muss die Verarbeitung auch in jedem Fall auf das notwendige Maß beschränkt werden.

3. Stufe: Überwiegt das Interesse des Verantwortlichen gegenüber den Grundfreiheiten des Betroffenen ja/nein?
Diese Abwägung ist schwierig, denn es gibt hier keine Formel oder dergleichen, sondern die Gewichtung wird erst über die nächsten Jahre klarer werden und von Richter:innen durch Urteile entwickelt.

Einfach, oder zumindest einfacher, ist diese Abwägung, insofern ein verfassungsrechtlich anerkanntes Interesse seitens der Betroffenen steht. Dieses Recht ist dann höher zu gewichten als ein Interesse, das nur einfachgesetzlich in der Rechtsordnung anerkannt ist.

> **Grundrechte und Grundfreiheiten im Zusammenhang mit Daten**
> - **Recht auf Schutz personenbezogener Daten** gem. Art. 8 GRCh
> - **Recht auf Vertraulichkeit der Kommunikation** gem. Art. 7 GRCh
> - die **Freiheit der Meinungsäußerung** sowie
> - das **Interesse an einer freien Informationsgewinnung**, Art. 11 GRCh
> - **Interesse, keine wirtschaftlichen Nachteile zu erleiden** (z. B. bei personalisierter Preisbildung) (DSK 2019).

Gerade das Recht auf Vertraulichkeit der Kommunikation spielt im Falle von Cookies eine Rolle. Der Schutzbereich erstreckt sich auf die Verwendung von eindeutigen Identifiern, wie z. B. IMEI-Nummer, IMSI-Nummer, MAC-Adresse oder auch Ad-IDs. Außerdem fällt unter den Schutzbereich die „(Geräte-)Integrität". Werden z. B. Identifier auf dem Endgerät des Nutzers abgelegt, so ist die Integrität des Gerätes berührt (DSK 2019).

> **Beispiel „Tracking"- die Interessensabwägung durchexerziert**
>
> Für den Fall „Tracking" exerziert die DSK die Interessenabwägung einmal durch. In Frage steht ein, in einem Shop eingebundenes, Social Network Pixel, worüber Daten der Nutzer:innen gesammelt werden, etwa wie die Nutzer:innen auf die Website gelangt sind, wie sie die Website nutzen und welche Produkte sie in den Warenkorb legen. Mit diesen Daten können die Websitebetreiber ihre Werbekampagnen innerhalb des sozialen Netzwerks optimieren und vor allem Streuverluste verringern. Das soziale Netzwerk verwendet die Daten der Nutzer:innen des Shops auch für eigene Werbezwecke.
> Die DSK hat vor allem starke Bedenken hinsichtlich der **Vorhersehbarkeit** und **Transparenz:** *„Der durchschnittliche Nutzer sozialer Netzwerke erwartet jedoch nicht, dass Websites unsichtbare Pixel einbinden, um eine Datenverarbeitung durch Dritte zu veranlassen* **(Vernünftige Erwartung der betroffenen Personen)** *und sozialen Netzwerken damit Daten zugeliefert werden, die diese wiederum zur Profilbildung nutzen."* (DSK 2019, Anhang S. II). Vor allem, dass Daten website- und geräteübergreifend über einen längeren Zeitraum von einem unsichtbaren Dritten gespeichert werden, ist ein **Ausmaß**, was die durchschnittlichen Nutzer:innen nicht mehr erfassen können. Des Weiteren sieht die DSK ein massives Problem hinsichtlich der **Interventionsmöglichkeit.** Denn auch wenn die Nutzer:innen einen Opt-out zu einem späteren Zeitpunkt durchführen könnten, wäre die Datenverarbeitung ja bereits vollzogen. Das sei

> angesichts der **Eingriffsintensität** nicht zu rechtfertigen. Damit kommt die DSK zu dem Ergebnis, dass Tracking mit Social Network Pixeln „wenn überhaupt nur mit der Einwilligung möglich" sei (DSK 2019, S. 24).

Zu beachten ist, dass es sich hierbei um eine **behördliche Meinung** handelt, die keine Rechtsverbindlichkeit hat. Allerdings sind die Aufsichtsbehörden am Ende die Organe, die prüfen und Bußgelder aussprechen. Dagegen kann man dann klagen, aber ob man sich das als Unternehmen antun möchte, steht auf einem anderen Blatt und hängt extrem davon ab, wie wichtig Tracking und ähnliche Marketing-Technologien für das eigene Business sind.

Allerdings gibt es auch Behörden, die das etwas differenzierter sehen. Wenn es nach der französischen Behörde CNIL geht, gibt es einige Szenarien, bei denen man sich auf das berechtigte Interesse stützen kann, zum Beispiel wenn Cookies zum Zweck von A/B-Testing eingesetzt werden (CNIL 2020a).

> Die Französische Behörde CNIL sieht zum Beispiel bei A/B-Testing die Voraussetzungen für berechtigtes Interesse gegeben.

Ein Fall, bei dem eine Abwägung zugunsten des Verantwortlichen getroffen werden kann, ist, wenn gleichzeitig ein Nutzen für die Allgemeinheit vorliegt, zum Beispiel bei Forschungstätigkeiten, deren Erkenntnisse für medizinische Vorsorge genutzt werden sollen (DSK 2019).

Sollten Sie die Verwendung eines Tools auf berechtigtes Interesse stützen, müssen Sie die dreistufige Prüfung und insbesondere die Interessenabwägung nachvollziehbar dokumentieren. Eben so, dass sie gegebenenfalls einer behördlichen Prüfung standhält. Die Informationspflicht gebietet es auch, das berechtigte Interesse im Rahmen der Rechtsgrundlage dem Betroffenen offenzulegen. Das heißt, die Begründung sollte in der CMP hinzugefügt werden, wenn Sie dort für ein Tool berechtigtes Interesse hinterlegen.

Wir sprechen zwar über eine *Consent* Management Plattform, doch das schließt keinesfalls das berechtigte Interesse aus. Pro Technologie bzw. pro Datenverarbeitung legt der Webseiten- oder App-Betreiber fest, welche Rechtsgrundlage gilt. Bei Technologien, die auf berechtigtes Interesse gestützt werden, werden die Daten sofort ohne eine Einwilligung erhoben und verarbeitet. Aber die Nutzer:innen werden trotzdem über das CMP-Interface informiert (Informationspflicht aus Art. 13 DSGVO). Es ist ihnen außerdem möglich, über die CMP der Datenverarbeitung zu widersprechen (Opt-out), also in der Konsequenz die Technologie zu deaktivieren und damit die weitere Datenerhebung zu unterbinden.

1.4 Aktuelle Rechtsprechung und Urteile

Wenn es um den Einsatz von Werbe- und Marketing-Technologien im Website- und App-Umfeld geht, gibt es zwei wesentliche EuGH-Urteile, die den CMP-Ball ins Rollen gebracht haben.

1.4.1 Facebook-Like-Button-EuGH-Urteil

Zunächst erließ der EuGH im Juni 2019 ein wichtiges Urteil gegen die Fashion ID GmbH & Co. KG (C-40/17), Betreiber der Internetseite des Düsseldorfer Modehauses Peek & Cloppenburg, aufgrund der Verwendung eines Social Plugins. Das Urteil hatten nur wenige Unternehmen auf dem Schirm und auch wenn es nicht um Cookies ging, so gab es einen Vorgeschmack darauf, welche Richtung der EuGH bei Planet49 einschlagen würde.

Der Fall

Das eCommerce-Unternehmen Fashion ID hatte auf seiner Website den Facebook „Gefällt mir"-Button eingebunden. Dieser funktioniert standardmäßig so, dass beim Seitenaufruf sofort personenbezogene Daten wie die IP-Adresse erfasst und an Facebook übertragen werden. Das Surfverhalten wird dann zum Facebook-Profil hinzugefügt. Wenn die Nutzer:innen keinen Facebook-Account haben, werden trotzdem anonyme Profile angelegt, die vorgehalten werden, falls sich

Abb. 1.2 Facebook Like-Button implementiert auf der Facebook Seite für Developer. (Quelle: https://developers.facebook.com/docs/plugins/like-button/?locale=de_DE)

Nutzer:innen zu einem späteren Zeitpunkt bei Facebook registrieren sollten (Verbraucherzentrale 2020) (Abb. 1.2).

Die Verbraucherzentrale NRW war der Meinung, dass Fashion ID damit gegen Datenschutzrecht verstoße. Das zuständige OLG Düsseldorf legte dem EuGH vor der Entscheidung einige zentrale Fragen vor, z. B. wer ist hier der Verantwortliche – der Websitebetreiber oder Facebook? Wem gegenüber muss die Einwilligung erklärt werden? Auf wessen „berechtigte Interessen" würde man sich in einer solchen Konstellation berufen?

Der EuGH bestätigte im Juli 2019 im Wesentlichen die Punkte zugunsten der Meinung der Verbraucherzentrale:

1. Der Websitebetreiber, der ein Social Plugin einbindet, ist grundsätzlich gemeinsamer Verantwortlicher.
2. Die Verantwortlichkeit beschränkt sich aber auf die Verarbeitung, bei der er maßgeblich Einfluss auf Zwecke und Mittel hat, was sich im Fall von Social Plugins auf das Erheben und Übermitteln beschränkt.
3. Dementsprechend muss der Websitebetreiber bei einer Einwilligung nur hinsichtlich der Vorgänge informieren und fragen, für die er tatsächlich verantwortlich ist.
4. Bei einer Interessensabwägung im Rahmen von Art. 6 Abs. 1 lit. f) DSGVO kommt es sowohl auf die Interessen des Websitebetreibers als auch auf die des Plugin-Anbieters an.

Die Verbraucherzentrale NRW führte ein ähnliches Verfahren gegen Payback vor dem LG München wegen der Verwendung von Social Plugins. Mit Erfolg: Payback erkannte das Urteil an (Verbraucherzentrale 2020).

Fazit für Websitebetreiber aus Fashion ID
Die Erkenntnis aus dem Urteil für Websitebetreiber war vor allem, dass sie bei der Verwendung von Social Plugins, aber auch allen vergleichbaren eingebetteten Inhalten wie Videos, Karten, etc., **vorsichtig mit Drittcode** sein müssen. Der Websitebetreiber geht im Moment der Einbindung auch eine geteilte Verantwortlichkeit für die Daten ein, was wiederum auf die meisten Konstellationen mit sonstigen AdTech- und MarTech-Providern übertragbar ist. Klar ist, die Nutzer:innen müssen über die Datenverarbeitung durch solche Elemente vorab ebenso informiert und im Zweifel auch gefragt werden. Dadurch manifestierte sich die Nachfrage und das Verständnis im Markt, dass eine Consent Management Platform neben Cookie-Technologien auch Dritt-Content wie Social Plugins, Videos, Karten, etc. steuern können muss (siehe Kapitel Anforderungen an eine CMP Abschn. 4.6).

1.4.2 Planet49-EuGH-Urteil

Das Planet49-Urteil (C-673/17) vom 1. Oktober 2019 kann als *der* „Turning Point" im Umgang mit Cookie-Bannern, Einwilligung und CMPs bezeichnet werden – obwohl es überhaupt kein überraschendes Urteil war, weder hinsichtlich der Argumente des Gerichts, noch hinsichtlich des Endergebnisses. Aber die Argumentation, man warte noch Urteile (und die e-Privacy-Verordnung) ab und berufe sich solange auf das Telemediengesetz (TMG), war bis dahin zumindest vertretbar und wurde natürlich gern von Unternehmen vorgeschoben.

Der Fall
Der Fall an sich stammt aus dem Jahr 2013, ereignete sich also zu einer Zeit, als die DSGVO noch nicht galt. Planet49 veranstaltete eine Aktions-Lotterie. Im Rahmen der Gewinnspielteilnahme wurden den Nutzer:innen zwei Tickboxen angezeigt. Die erste Box fragte ab, ob man Werbeangebote von Dritten erhalten möchte. Sie war zunächst leer, musste aber, um am Gewinnspiel teilnehmen zu können, von den Nutzer:innen angekreuzt werden. Die zweite Box war ein bereits angehaktes Kästchen, wodurch Planet49 das Setzen von Cookies gestattet wurde, um das Onlineverhalten der Nutzer:innen zu tracken.

1 Rechtliche Grundlagen

☐ *„Ich bin einverstanden, dass einige <u>Sponsoren und Kooperationspartner</u> mich postalisch oder telefonisch oder per E-Mail/SMS über Angebote aus ihrem jeweiligen Geschäftsbereich informieren. Diese kann ich hier selbst bestimmen, ansonsten erfolgt die Auswahl durch den Veranstalter. Das Einverständnis kann ich jederzeit widerrufen. Weitere Infos dazu hier."*[2]

☑ *„Ich bin einverstanden, dass der Webanalysedienst Remintrex bei mir eingesetzt wird. Das hat zur Folge, dass der Gewinnspielveranstalter, [Planet49], nach Registrierung für das Gewinnspiel Cookies setzt, welches Planet49 eine Auswertung meines Surf- und Nutzungsverhaltens auf Websites von Werbepartnern und damit interessengerichtete Werbung durch Remintrex ermöglicht. Die Cookies kann ich jederzeit wieder löschen. Lesen Sie Näheres <u>hier</u>."*[3]

Eine Teilnahme am Gewinnspiel war nur möglich, wenn mindestens ein Kästchen angekreuzt wurde. Die Verbraucherzentrale Bundesverband e. V. (vzbz) war der Meinung, dass dies keine wirksame Einwilligung darstellt.

Der Gewinnspielbetreiber berief sich auf die nationale Gesetzgebung aus § 15 Abs. 3 TMG: *„Der Diensteanbieter darf für Zwecke der Werbung, der Marktforschung oder zur bedarfsgerechten Gestaltung der Telemedien Nutzungsprofile bei Verwendung von Pseudonymen erstellen,* **sofern der Nutzer dem nicht widerspricht.** *[...]"*. Dieses sogenannte **Widerspruchsverfahren** oder Opt-out-Verfahren wurde oft als der deutsche Sonderweg bezeichnet.

---

[2] *„Sponsoren und Kooperationspartner"* und *„hier"* waren mit einem Link hinterlegt und führten zu einer Liste mit 57 Unternehmen, deren Adressen, den zu bewerbenden Geschäftsbereich und den für die Werbung genutzten Kommunikationsarten (E-Mail, Post oder Telefon) sowie nach jedem Unternehmen das unterstrichene Wort „Abmelden" (C-673/17).

[3] Bei Klick auf *„hier"* kam die folgende Info: *„Bei den gesetzten Cookies mit den Namen ceng_cache, ceng_etag, ceng_png und gcr handelt es sich um kleine Dateien, die auf Ihrer Festplatte von dem von Ihnen verwendeten Browser zugeordnet gespeichert werden und durch welche bestimmte Informationen zufließen, die eine nutzerfreundlichere und effektivere Werbung ermöglichen. Die Cookies enthalten eine bestimmte zufallsgenerierte Nummer (ID), die gleichzeitig Ihren Registrierungsdaten zugeordnet ist. Besuchen Sie anschließend die Webseite eines für Remintrex registrierten Werbepartners (ob eine Registrierung vorliegt, entnehmen Sie bitte der Datenschutzerklärung des Werbepartners), wird automatisiert aufgrund eines dort eingebundenen iFrames von Remintrex erfasst, dass Sie (d. h. der Nutzer mit der gespeicherten ID) die Seite besucht haben, für welches Produkt Sie sich interessiert haben und ob es zu einem Vertragsschluss gekommen ist."* (C-673/17).

Der BGH hatte daraufhin dem EuGH mehrere vorausschauende Fragen zur Klärung und Rechtsauslegung vorgelegt, die auch schon auf die damals bereits verabschiedete aber noch nicht inkraftgetretene DSGVO abzielten, z. B. ob ein voreingestelltes Ankreuzkästchen eine wirksame Einwilligung im Sinne der DSGVO (und deren Vorgänger-Richtlinie) darstellt? Macht es dabei einen Unterschied, ob die Cookies personenbezogene Daten erheben? Welche Informationen müssen den Nutzer:innen bereitgestellt werden und müssen insbesondere die Funktionsdauer der Cookies und potenziell der Zugriff Dritter offengelegt werden (C-673/17)? Die **Hauptaussagen des EuGH** lassen sich wie folgt zusammenfassen:

1. **Vorab angekreuzte Häkchen,** die der Verwendung von Cookies und ähnlichen Technologien zustimmen, stellen **keine rechtskräftige Einwilligung** im Sinne der DSGVO dar.
2. Die Anforderungen an eine DSGVO-konforme Einwilligung gelten gleichsam, egal, ob die Cookies personenbezogene Daten verarbeiten oder nicht. Allein das Setzen eines Cookies auf dem Endgerät der Nutzer:innen erfordert bereits eine Einwilligung.
3. Webseitenbesucher:innen müssen über die **Lebensdauer der Cookies** informiert werden. Diese Information ist notwendig, um die Konsequenzen einer Datenverarbeitung abschätzen zu können. Der EuGH weist in diesem Zusammenhang auch auf die Informationspflicht aus Art. 13 Abs. 2 lit. a) DSGVO hin, wonach ebenfalls die Aufbewahrungsdauer oder zumindest eine Logik, um diese zu befristen, erforderlich ist.
4. Ebenso muss offengelegt werden, ob etwaige **Dritte Zugang zu den Cookies** und Daten haben werden (leitet sich aus Art. 13 DSGVO Abs. 1 lit. e) DSGVO ab).

Der **BGH** hat am 28. Mai 2020 dann das abschließende Urteil in der Sache Planet49 verkündet und die Aussagen des EuGH **bestätigt.** Zusätzlich ging der BGH in seiner finalen Entscheidung noch auf den offenen Diskussionspunkt hinsichtlich TMG ein: Das sogenannte **Widerspruchsverfahren** für Cookies auf Basis einer richtlinienkonformen Auslegung des § 15 Abs. 3 TMG ist **unzulässig.** § 15 Abs. 3 Satz 1 TMG ist so auszulegen, dass für den Einsatz von Cookies zur Erstellung von Nutzer:innenprofilen für Zwecke der Werbung oder

Marktforschung die Einwilligung der Nutzer:innen erforderlich ist (BGH 2020).

Fazit für Webseitenbetreiber aus Planet49
Allerspätestens seit dem BGH-Urteil Mai 2020 ist die Einwilligung im Cookie-Kontext **kein Graubereich** mehr. Für Websitebetreiber folgt daraus, den Einsatz von Cookies auf ein professionelles und konformes Opt-in-Verfahren umzustellen und eine eindeutige, aktive Einwilligung der Webseiten-Nutzer:innen einzuholen, bevor ein nicht-funktionaler Cookie gesetzt wird. Zudem müssen die Nutzer:innen ausreichend und transparent über die Umstände der Verarbeitung informiert werden.

1.4.3 Aufsichtsbehörden – ein europäisches Allerlei an Bußgeldern

1. Deutschland – ein Land mit 17 Datenschutzbehörden
Seit Inkrafttreten der DSGVO gab es immer wieder Nachrichten von einzelnen Bußgeldern. Eins der höchsten Bußgelder erging gegen den Mobilfunk- und Festnetzkonzern 1&1 Telecom GmbH: 9,55 Mio. EUR im Dezember 2019 (BfDI 2019b). Ein anderes wurde von der Berliner Datenschutzbeauftragten gegen die Deutsche Wohnen in Höhe von 14,5 Mio. EUR im November 2019 verhängt (BlnBDI 2019). Von den meisten Bußgeldern bekommt man aber gar nichts mit. Die Behörden sind nicht verpflichtet, diese zu veröffentlichen, weswegen leicht der Eindruck entsteht, dass „nichts" passiere. Insgesamt wurden 2018 nur 38 DSGVO-Bußgelder verhängt. Im Jahr 2019 waren es schon 187 (Anger und Neuerer 2020) – verteilt auf die 16 Landesbehörden und eine Bundesbehörde. Diese Bußgelder sind aber keinesfalls gleichverteilt – unserem Föderalismus sei Dank. Während NRW im Jahr 2019 64 und Berlin 44 Bußgelder verhängt haben, hat Bayern lediglich ein einziges ausgesprochen. Auch die Bundesbehörde unter Ulrich Kelber hat 2019 nur zwei Bußgelder ausgesprochen (Anger und Neuerer 2020).

> **Die Datenschutzkonferenz (DSK)** Die DSK ist das oberste Gremium der deutschen Datenschutzaufsichtsbehörden des Bundes und der Länder. Die Aufgabe des Gremiums ist es eine einheitliche Anwendung der europäischen und nationalen Datenschutzregularien zu gewährleisten. Es werden gemeinsame Beschlüsse, Standardisierungen, Stellungnahmen oder Pressemitteilungen erarbeitet, an deren Inhalte sich die einzelnen Behörden dann in der Praxis auch halten.

In puncto Cookies & CMP ist das zentrale Dokument in Deutschland die von der DSK im April 2019 veröffentlichte „Orientierungshilfe der Aufsichtsbehörden für Anbieter von Telemedien". Darin werden folgende Punkte klargestellt:

1. Das deutsche Telemediengesetz (TMG) stellt keine zureichende Umsetzung der e-Privacy-Richtlinie („Cookie-Richtlinie") dar.
2. Das TMG tritt hinter der DSGVO zurück.
3. Online-Tracking ist„wenn überhaupt nur mit der Einwilligung" möglich.
4. „Reichweitenmessung" kann auf berechtigtes Interesse gestützt werden. Daraus ergibt sich aber die Frage: Wo fängt das Tracking an und wo hört die „bloße" Reichweitenmessung auf?
5. In der richtigen Konfiguration können *„Cookie-Banner"* & *„Consent-Tools"* zu einer gültigen Einwilligung verhelfen (Liste der Anforderungen siehe DSK 2019, S. 9).

Ebenso richtungsweisend ist die Pressemitteilung des BfDI, in der sich der Bundesdatenschutzbeauftragte Ulrich Kelber höchstpersönlich zu Google Analytics und dem Erfordernis eines professionellen Einwilligungs-Managements äußert:

> *„Wer Angebote einbindet, die wie zum Beispiel Google Analytics rechtlich zwingend eine Einwilligung erfordern, muss dafür sorgen, von seinen Websitenutzern eine datenschutzkonforme Einwilligung einzuholen. Dass dies* **nicht** *mit einfachen Informationen über sogenannte Cookie-Banner oder voraktivierte Kästchen bei Einwilligungserklärungen funktioniert, sollte hoffentlich mittlerweile jedem klar sein. Jeder Websitebetreiber sollte sich daher*

genau damit auseinandersetzen, welche Dienste bei ihm eingebunden sind und diese notfalls deaktivieren, bis er sichergestellt hat, dass ein datenschutzkonformer Einsatz gewährleistet werden kann."[4]

Die kleine Lücke „Reichweitenmessung" im Sinne der Orientierungshilfe meint jedenfalls sicher nicht Google Analytics und vergleichbare Tools. Folglich kann man sagen, dass die Ansicht der Behörden, was in Deutschland als einwilligungspflichtig gilt, insgesamt eher restriktiv auszulegen ist. In jedem Fall ist klar, dass **die deutschen Aufsichtsbehörden erwarten, dass Unternehmen im Zuge des Einsatzes von einwilligungspflichtigen Cookies auch zwingend eine Consent Management Platform (CMP) verwenden.**

2. UK – vom Meinungsmacher durch Brexit zum EU-Outsider

In Großbritannien kümmert sich das nationale **Information Commissioner's Office (ICO)** mit Regionalvertretungen in Wales, Schottland und Nordirland um die Datenschutzaufsicht. Gerade nach Inkrafttreten der DSGVO war das ICO mit einigen richtungsweisenden Guidelines zu Cookies und Einwilligung vorangegangen. Diese „Guidance on the use of cookies and similar technologies" ist seither zu einem umfangreichen und praktikablen Fundus geworden (ICO 2020). Zu beachten ist dabei, dass die Guidance seit dem Brexit nicht mehr auf die DSGVO Bezug nimmt, sondern auf das britische Datenschutzgesetz Privacy and Electronic Communications Regulation (PECR), welches aber in den allermeisten Punkten noch deckungsgleich zur DSGVO ist. Demnach sieht auch das PECR ein Einwilligungserfordernis für nichttechnische und nicht-funktionale Cookies vor.

Mitte 2019 brachte das ICO mit einem Report zu Real-Time-Bidding (RTB Definition siehe Kapitel „Real-Time-Bidding – Die Marktschreier-Technologie" Abschn. 1.2.4) die ganze AdTech-Szene zum Zittern und stellte die Vereinbarkeit von programmatischer Werbung mit der DSGVO in Frage (ICO 2019). Das Hauptproblem mit RTB: Der **Umfang der Erstellung und des Weitergebens**

---
[4]Siehe (BfDI 2019a).

von **Personendatenprofilen** in RTB erscheint dem ICO generell **unverhältnismäßig, invasiv und unlauter** – vor allem da sich die allermeisten betroffenen Personen nicht bewusst sind, dass diese Verarbeitung stattfindet.[5] Der Druck auf die Szene ist aber ohnehin vorerst verpufft, nachdem das ICO aufgrund der Coronakrise von einer Weiterverfolgung absieht, um die Industrie nicht zusätzlich wirtschaftlich zu belasten. Das ICO beteuert aber, die Untersuchungen wieder aufnehmen zu wollen, sobald „the time is right" – wann auch immer das sein wird (ICO 2020).

Wahrscheinlich ist, dass die Bedeutung des ICO nach dem Brexit für die europäische Interpretation der DSGVO schwinden wird und dass andere Länder wie Frankreich als Meinungsmacher in die Bresche springen werden.

3. Irland – der unfähige Watchdog mit der größten Verantwortung
Irland kommt eine besondere Verantwortung zu, da einige Tech-Konzerne dort ihr europäisches Headquarter haben, z. B. Facebook, Twitter oder LinkedIn, sodass der irische **Data Protection Commissioner (DPC)** für Datenschutzbelange der europäischen Nutzer:innen dieser Plattformen zuständig ist. Doch die Iren waren in der Vergangenheit nicht unbedingt bekannt als passionierte Datenschützer:innen. Dies könnte daran liegen, dass das Recht auf Privatsphäre in angelsächsischer Rechtstradition aus dem Eigentumsbegriff abgeleitet wird, während wir Deutschen es auf die Menschenwürde stützen (Bittner und Scally 2013). Es wird vermehrt die Durchsetzungskraft der irischen Behörde in Frage gestellt, da seit 2018 zwar zahlreiche Verfahren gegen Facebook laufen, aber noch keine Handlung erfolgt ist (Neuerer 2020). Infolge des Schrems II-Urteils reagierte die irische Behörde vermeintlich schnell und forderte Facebook per vorläufiger Anordnung dazu auf, keine personenbezogenen Daten mehr auf Basis von Standardvertragsklauseln in die USA zu versenden

---

[5]Die britische Datenschutzbehörde sieht sich in dieser Annahme aufgrund einer Umfrage bestätigt: 63 % der 2.300 Befragten gaben an, dass sie es in Ordnung fänden, dass durch Werbung kostenlose journalistische Inhalte finanziert werden; wenn man ihnen allerdings erklärte, wie RTB funktioniert, fiel dieser Anteil auf 36 % (Worledge und Bamford 2019).

(Schechner und Glazer 2020). Doch diese Anweisung wurde daraufhin vom Irish High Court aus mehreren Gründen aufgehoben: Zu wenig Zeit (drei Wochen), um auf die Anordnung zu reagieren, unfair, da nicht auch andere Tech-Konzerne dieselbe Anordnung erhielten und im Übrigen griff die Entscheidungsvorlage dem eigentlichen Verfahren der Behörde vor (Schäfer 2020).

Im April 2020 veröffentlichte die irische Behörde einen Report zum Thema Cookies und eine neue Guidance für Websitebetreiber (DPC 2020). Dies folgte auf eine größere Stichprobenuntersuchung, um herauszufinden, inwieweit die regulatorischen Vorgaben umgesetzt wurden. Die Ergebnisse waren, welch Überraschung, nicht zufriedenstellend. Daraus schlussfolgerte die Behörde unter anderem folgende konkrete Anweisungen für den rechtskonformen Umgang mit Cookies:

1. Ein Banner muss die Möglichkeit enthalten, Cookies „abzulehnen". Hierfür kann ein spezifischer „Ablehnen"-Button genügen, aber auch die Möglichkeit, über „Mehr Informationen" die Einstellungen in einem zweiten Layer zu konfigurieren und so abzulehnen. (Widerspricht der Ansicht der CNIL, siehe im weiteren Verlauf).
2. Die Privacy Policy oder Cookie Policy darf nicht von dem Banner überdeckt werden. Sie muss abrufbar sein, ohne dass dabei schon einwilligungspflichtige Cookies gesetzt werden.
3. Der Text mit weiteren Informationen muss klar verständlich und einfach lesbar sein und darf nicht etwa von aufpoppenden Chatbots oder anderen Features auf der Seite unterbrochen werden.
4. Cookies und ähnliche Technologien brauchen immer eine Einwilligung, außer in zwei Ausnahmefällen:
   - „Communications Exception": Wenn der einzige Zweck des Cookies darin besteht, Kommunikation etwa zwischen Servern oder Datenbanken zu ermöglichen, z. B.: Load-Balancing Cookie zur Verteilung des Netzwerktraffics über verschiedene Server.
   - „Strictly Necessary Exception": z. B.: Warenkorb-Cookies. Chatbots sind **nicht** „strictly necessary".
5. Die Einwilligung darf nicht für mehrere Zwecke „gebündelt" werden. Im ersten Layer des Consent-Banners sollte dargelegt werden, dass

der Websitebetreiber um die Zustimmung zur Verwendung von Cookies für bestimmte Zwecke bittet. Im zweiten Layer sollten detailliertere Informationen über die Arten von Cookies zu finden sein sowie die Möglichkeit, diese zu akzeptieren oder abzulehnen.
6. Vorab angekreuzte Kästchen, Schieberegler oder andere Tools, die per default zu einem Opt-in führen, sind nicht gestattet (DPC 2020).

Die DPC geht auch auf die Frage ein, ob die **Einwilligung für Analytics Cookies** nötig ist. Die klare Antwort ist zunächst: ja, ist sie. Doch dann geht die DPC auf die Unterschiede zwischen **First- und Third-Party** Analytics Cookies ein und lässt mehr oder weniger offen, ob bei First-Party Cookies nicht ein „nutzerfreundlicher Mechanismus zum Opt-out" reicht. Dann folgt ein für Websitebetreiber und deren Risikomanagement zentraler Satz, der überrascht, verspricht er doch quasi freie Fahrt: *„It is unlikely that first-party analytics cookies would be considered a priority for enforcement action by the DPC."* (DPC 2020, S. 8).

Wie lange eine Einwilligung gültig ist, wird nicht von der DSGVO spezifiziert. Die DPC wagt sich als eine der ersten Behörden an die Festlegung einer konkreten Gültigkeitsdauer der Einwilligung für Cookies & Co. und beziffert diese mit maximal sechs Monaten. Nach Ablauf dieser Zeit sollte erneut die Einwilligung eingeholt werden (DPC 2020).

Irish DPC Einwilligung für Cookies gelte maximal für sechs Monate. Danach muss sie erneut eingeholt werden! Wenn Sie irische Nutzer:innen bzw. Kund:innen haben, sollten Sie sich auf jeden Fall daran halten. Wenn nicht, sollten Sie evaluieren, ob Sie der Argumentation der irischen Behörde folgen möchten und ansonsten einen alternativen Zeitraum definieren.

Die irische Behörde weist auch daraufhin, dass nicht nur Cookies, Plugins, Widgets und Pixel relevant sind, sondern auch **Third-Party Payment Provider,** die eventuell auf der Webseite eingebunden sind.

Ebenso hebt sie hervor, dass in einigen Fällen wie systematischer Profilbildung oder Tracking eine Datenschutz-Folgenabschätzung gemäß Art. 35 Abs. 4 DSGVO gemacht werden muss.

4. Frankreich – die CNIL zeigt Zähne
Im zentralistischen Frankreich gibt es eine nationale Aufsichtsbehörde, die das Sagen hat: die Commission Nationale de l'Informatique et des Libertés („CNIL"). Die 17 Mitglieder setzen sich zusammen aus vier Parlamentsmitgliedern, zwei Mitgliedern des Wirtschafts- und des Sozialrats, sechs Vertretern der höchsten französischen Gerichte und weiteren fünf qualifizierten Personen. Die Behörde hat laut eigener Website im Jahr 2019 48 Anweisungen ausgesprochen und 11 Strafen verhängt, worunter 9 Bußgelder waren. Außerdem hat sie 310 Untersuchungen durchgeführt, davon 204 vor Ort und 51 online (CNIL o. J.a). Mit einigen Warnungen, Stellungnahmen und Bußgeldern überraschte die Behörde durchaus und hat sich damit als eine der richtungsweisenden Meinungsmacher innerhalb der EU herauskristallisiert.

Mit einem Hammer schockierte die CNIL besonders: Im Januar 2019 verhängte sie gegen Google mit 50 Mio. EUR das EU-weit bisher höchste DSGVO-Bußgeld (CNIL 2020a). Der Grund: mangelnde Transparenz, unzureichende Informationen und fehlende gültige Einwilligung zur Personalisierung der Anzeigen. Das ging zurück auf eine Beschwerde von Max Schrems' NGO None of Your Business („NOYB") und La Quadrature du Net („LQDN"), die pünktlich am 25. Mai 2018 eingereicht wurde und über 10.000 Betroffene repräsentierte. Google wehrte sich dagegen und klagte auf Aufhebung. Ohne Erfolg. Im Juni 2020 wurde das Bußgeld nochmal vom französischen Staatsrat bestätigt (Conseil d'Etat 2020).

Die CNIL nahm sich außerdem vier kleine französische AdTech Unternehmen vor: Fidzup, Teemo, Singlespot und VECTAURY (Rolland 2018). Alle konzentrieren sich auf die Bereitstellung von Ad-Targeting- und Marketing-Dienstleistungen für Einzelhändler auf der Grundlage von Geolokalisierungsdaten. Im Fall VECTAURY wurden diese Geodaten über SDKs, die bei App Publishern eingebaut waren, gesammelt. An dem damit verbundenen Einwilligungsflow hatte die CNIL einiges auszusetzen, was sie auch in einer ausführlichen Warnung öffentlich machte. Kritikpunkte waren beispielsweise, dass durch das Wording zu viel Druck aufgebaut wurde. Es war nach Meinung der Behörde so gestaltet, dass es den Nutzer:innen suggeriere, dass sie ohne die Einwilligung die App entweder nicht benutzen können oder gezwungen wären, dafür zu zahlen oder sehr aufdringliche Anzeigen zu dulden. Insgesamt sei die Sprache unverständlich gewesen und Drittanbieter wie VECTAURY selbst wurden nicht namentlich aufgeführt. Auch vorangehakte Boxen waren mal wieder mit von der Partie.

> **Die härteste Konsequenz aus der öffentlichen Warnung:**
>
> Das Unternehmen musste alle Daten löschen, die auf Grundlage der ungültigen Einwilligung erhalten wurden. Im Falle von VECTAURY waren das: Etwa 5 Mio. Ad-IDs, die über VECTAURY SDKs gesammelt wurden, 24 Mio. Ad-IDs, die über Bid Requests gesammelt wurden, auf die VECTAURY geantwortet hatte, und 45 Mio. Ad-IDs, die über die Bid Requests gesammelt wurden, auf die VECTAURY nicht geantwortet hatte (Ryan 2018).

Der Fall dient aber auch als Beispiel dafür, dass man durchaus mit den Behörden zusammenarbeiten kann. Nach 18 Monaten „Diskussion" stellte die CNIL ihr öffentliches Warnverfahren ein (VECTAURY 2019).

Die CNIL zeigt sich zunehmend pragmatisch, indem sie für gewisse Cookies im Rahmen der Reichweitenmessung und des A/B-Testings eine **Befreiung von der Einwilligung als rechtmäßig** erachtet – unter bestimmten Bedingungen, z. B. Abschneiden der letzten Stellen der IP-Adresse oder Beschränkung der Lebensdauer der Cookies auf 13 Monate (CNIL 2020b). Hier wird es durchaus spannend zu sehen, wer sich europaweit durchsetzt, denn unter das Verständnis der CNIL-Reichweitenmessung ließe sich unter Umständen auch Analytics und evtl. sogar Google Analytics fassen. Das wiederum beißt sich mit der Ansicht der deutschen Behörden („Google Analytics erfordert die Einwilligung" laut BfDI 2019a). Bis das klar ist, bietet es sich an, eine CMP einzusetzen, die unterschiedliche Konfigurationen für unterschiedliche Regionen zulässt.

Dass die CNIL auch trotz Corona-Krise das Thema Cookies nicht auf sich beruhen lässt, bis auch der letzte Tech-Riese verstanden hat, dass Frankreich es Ernst meint mit der Durchsetzung der DSGVO, zeigt das neueste große Bußgeld (CNIL 2020c): 35 Mio. für Amazon, weil die französische Amazonseite (amazon.fr) Cookies ohne vorherige Einwilligung und ausreichend Information setzte (CNIL 2020c). Sollten Sie eine französische Haupt- oder Unterseite betreiben, empfehlen wir schnellstens eine CMP zu implementieren, falls noch nicht geschehen.

1.4.4 Fazit: Urteile & Behörden – da kommt noch was

Insgesamt ist es immer noch sehr mühsam, herauszufinden, welche Regelungen in welchem Land zu beachten sind. Aus Sicht eines Unternehmens mit Nutzer:innen und Kund:innen in mehreren europäischen Ländern ist der Binnenmarkt datenschutzrechtlich noch nicht zufriedenstellend verwirklicht.

Die bisher weitgehende Kulanz der deutschen Datenschutzbehörden sollte uns nicht zu sehr in Sicherheit wiegen. Einerseits liegt es daran, dass für viele Anwendungsfälle noch keine gemeinsame europäische und nationale Linie gefunden wurde, sodass ein Flickenteppich der Exekutive entsteht. Gewisse inhaltliche Themen müssen erst noch auf höherer Ebene gelöst und definiert werden, bis die einzelnen Behörden hier voll durchgreifen werden, z. B.: Was ist beim Tracking die sogenannte „Reichweitenmessung"? Wie versteckt und schwer zugänglich darf der Opt-out sein, ohne dass die Freiwilligkeit der Einwilligung bezweifelt werden muss?

Außerdem schwebt das Damoklesschwert der ePrivacy-Verordnung über unser aller Köpfen, welche für eine stringente Auslegung hinsichtlich Cookies und Einwilligung eigentlich miteinbezogen werden sollte (Greiner 2020).

Ebenso spannend bleibt es rund um das Thema Datenübertragung in die USA. Nach dem Schrems II-Urteil, welches das Privacy-Shield gekippt hat, stecken einige Cookie-Anbieter in der Bredouille, da sehr viele große AdTech Provider in den USA ansässig sind und dort auch die Daten verarbeiten. Es ist zu erwarten, dass nationale Behörden das Urteil aufgreifen und die Verwendung von amerikanischen Marketing-Technologien auf den Prüfstand stellen. Im Zweifel fahren europäische

Unternehmen sicherer, wenn sie sich Anbietern zuwenden, die in der EU sitzen und deren Technologien damit per se datenschutzfreundlicher ausgestaltet sind.

In jedem Fall bleibt noch abzuwarten, ob zukünftig das „Forum-Shopping" tatsächlich ein Ende hat – so nannte der ehemalige Datenschutzbeauftragte Deutschlands Peter Schaar noch vor DSGVO-Zeiten die bewusste Auswahl eines Unternehmensstandorts nach dem vermeintlich schwächsten Kontrolleur (Brittner und Scally 2013).

1.5 Weitere Gesetze und Verordnungen

1.5.1 ePrivacy-VO

Die ePrivacy-Verordnung (ePVO) ist ein Schrecken ohne Ende. Gespannt warten wir nun schon mittlerweile „jahrelang" auf deren Verabschiedung. Ursprünglich sollte sie ebenfalls ab dem 25. Mai 2018 als Ergänzung zur DSGVO gelten und die (nun noch immer gültige) Datenschutzrichtlinie für elektronische Kommunikation (Richtlinie 2002/58/EG, auch bekannt als ePrivacy Directive) ersetzen. Das wird auch höchste Zeit, denn die Richtlinie aus dem Jahr 2002 ist völlig veraltet und kannte weder Smartphones noch Tablets, noch konnte vorhergesehen werden, welche Rolle Messenger wie WhatsApp, Skype, Facebook etc. in unserem Leben einnehmen würden (Fiebig 2018). Das Ziel der neuen ePVO sollte insbesondere sein, die Vertraulichkeit der Kommunikation zu schützen.

Das große Problem bei dieser Regulierung ist, dass die Mitgliedstaaten bisher keine Einigung auf einen Gesetzesentwurf erzielen konnten. Nachdem der erste Entwurf der Kommission aus dem Jahr 2017 kommt, haben während ihrer Ratspräsidentschaft auch Estland, Bulgarien, Österreich, Rumänien, Finnland und Kroatien weitere Vorschläge für einen Konsens gemacht. Jedoch ohne Erfolg. Streitpunkte sind vor allem getrieben von Interessen der Digitalwirtschaft und von Telekommunikationsanbietern. Diese fürchten, dass die europäische (Digital-)Wirtschaft aufgrund der aktuell vorgesehenen Regelungen nicht mehr wettbewerbsfähig wäre, da marktbeherrschende Internet-Plattformen Wettbewerbsvorteile aus der ePVO ziehen würden. Sie sind aber der Meinung, dass eine „ausgewogene sektorale Regelung in Gestalt einer E-Privacy-Verordnung durchaus möglich sei".[6] Nachdem Deutschland am 1. Juli 2020 turnusgemäß die EU-Ratspräsidentschaft übernommen hat, wurde Mitte November 2020 auch ein weiterer Kompromissvorschlag aus deutscher Feder an die Mitgliedstaaten versendet. Eine zentrale Änderung im deutschen Entwurf ist die Streichung von berechtigtem Interesse als zulässige Rechtsgrundlage für Cookies (Christ 2020). Darüber freut sich die Digitalwirtschaft nicht gerade, mit Ausnahme der Publisher, die als „Dienste der Informationsgesellschaft" von diesem Verbot ausgenommen sind: Erwägungsgrund 20 sieht die Wahlfreiheit grundsätzlich nicht beeinträchtigt, wenn Nutzer:innen zwischen einer „kostenlosen, aber durch Werbung und Cookies finanzierten Version" und einem „werbefreien, aber kostenpflichtigen" Medienangebot wählen können (Christ 2020). Es bleibt zu hoffen, dass nun ein tragfähiger Kompromiss gelingt.

> **Wann kommt die ePrivacy-VO?**
> Es obliegt aktuell der deutschen Ratspräsidentschaft, einen Konsens zu erreichen und den eigenen Entwurf durchzubringen. Dann könnten 2021 die Trilogverhandlungen beginnen, sodass realistisch 2023 ein Gesetz verabschiedet werden könnte. Rechnet man eine zweijährige Übergangsfrist mit ein, ist mit einem Inkrafttreten demnach nicht vor 2025 zu rechnen. Gelingt es Deutschland nicht, wandert der Kelch weiter zu Portugal für die erste Hälfte und dann Slowenien für die zweite Hälfte von 2021 und dementsprechend schieben sich dann die weiteren Schritte nach hinten.

Einfluss der ePrivacy-VO auf CMPs

Die ePVO sieht vor, Datensammlungen über Cookies zu beschränken, da diese die Übermittlung von Direktwerbung an Endnutzer:innen mittels elektronischer Kommunikation regeln. Deswegen ist das Gesetz

---

[6]Verbändeschreiben zur ePrivacy-Verordnung an Bundesminister Altmaier (BVDW 2019).

vor allem im Zusammenhang mit Cookies und einer zwingenden Einwilligung auch vielen Marketing- und Rechtsabteilungen ein Begriff. In die eine oder andere Richtung wurde die in der Luft liegende ePVO als Grund genannt, warum man schon mal vorausschauend eine CMP implementiert oder warum man eben noch wartet, dies zu tun. Ein zentraler Bestandteil der ePVO soll sein, dass jeder Eingriff in die Verarbeitung von elektronischen Kommunikationsdaten bei der Übertragung, sei es direkt durch menschliches Eingreifen oder durch die automatisierte Verarbeitung mittels Maschinen, ohne die Zustimmung aller kommunizierenden Parteien verboten ist. Das schließt explizit das Browsen auf Webseiten und Apps mit ein. Die Endnutzer:innen dürfen nicht ohne ihre Einwilligung beobachtet oder analysiert werden (ePVO (15)). Die Anforderungen an diese Einwilligung richten sich nach denselben Maßstäben wie die DSGVO (ePVO (3)). Für Werbetreibende und Publisher hätte das zur Folge, dass sie für wahrscheinlich weitaus mehr Zwecke und Technologien eine Einwilligung benötigen und dass das berechtigte Interesse im Zusammenhang mit Cookies quasi kein Gewicht mehr hätte.

1.5.2 TTDSG

In Datenschutz-Kreisen schlug die Nachricht ein wie eine Bombe: Ende Juli 2020 wurde ein Dokument aus dem deutschen Bundesministerium für Wirtschaft und Energie (BMWi) geleakt, das nichts Geringeres ist als der Entwurf eines neuen deutschen Datenschutzgesetzes mit dem sehr eingängigen Titel: „Entwurf eines Gesetzes über den Datenschutz und den Schutz der Privatsphäre in der elektronischen Kommunikation und bei Telemedien sowie zur Änderung des Telekommunikationsgesetzes, des Telemediengesetzes und weiterer Gesetze". Das Herzstück des Entwurfs ist der Vorschlag für ein Bürger:innen- und zugleich wirtschaftsfreundliches deutsches Datenschutzgesetz, das sogenannte Telekommunikations-Telemedien-Datenschutz-Gesetz (TTDSG).

Seit Einführung der DSGVO schiebt Deutschland es hinaus, das Telemediengesetz (TMG) und das Telekommunikationsgesetz (TKG) an die Rahmenbedingungen der DSGVO anzupassen. Vor allem in einem Bereich, der die Tracking- und Online-Marketing-Branche am meisten interessiert: dem Nutzer:innentracking. Gleichzeitig sollen die Cookie-Bestimmungen aus der ePrivacy-Richtlinie in Abstimmung mit der DSGVO endlich in deutsches Recht übertragen werden. Diese als TTDSG-E (das „E" steht für das Entwurfsstadium) geplante eierlegende Wollmilchsau des Datenschutzes wird uns von nun an vermutlich für viele Monate (und Jahre?) beschäftigen.

Grundsätzlich war Vieles von dem, was nun in den Gesetzesentwurf Eingang fand, auch so zu erwarten, da es sowohl die gesetzlichen Vorgaben der ePrivacy-Richtlinie und der DSGVO, als auch die Konkretisierung derselben durch die jüngsten Urteile des EuGH und des BGH aufgreift und konsolidiert.

Im Referentenentwurf des neuen Datenschutzgesetzes ist eingangs von der Absicht zu lesen, dass „funktionierende Geschäftsmodelle weder beeinträchtigt noch Innovationen in der digitalen Welt behindert werden, insbesondere mit Blick auf das Internet der Dinge und die Marktposition kleiner und mittlere[r] Unternehmen sowie Start-ups im Online-Handel gegenüber den großen den Markt dominierenden Unternehmen." (Referentenentwurf des Bundesministeriums für Wirtschaft und Energie 2020, S. 1). Demnach will das BMWi das Datenschutzrecht so gestalten, dass es für Endnutzer:innen von Online-Diensten wie auch für die Wirtschaft möglichst verträglich ist. So weit, so gut.

Der Gesetzesentwurf ist umfangreich und behandelt auch Regelungen zu sogenannten PIMS (= Personal-Information-Management-Systemen, z. B. Zeiterfassungssysteme zum Verwalten von Mitarbeiter:innen) sowie zu hörenden und sehenden Devices, wie beispielsweise Smart Speakern. Das ist beides interessant, vor allem weil es bei diesen Themen ebenfalls um Einwilligungen gehen wird. Im § 3 TTDSG-E steht beispielsweise, dass anerkannte Dienste zur Verwaltung persönlicher Informationen ebenfalls nur mit ausdrücklicher, freiwilliger und informierter Einwilligung der Betroffenen genutzt werden dürfen. Perspektivisch kann es also durchaus sein, dass auch die Zustimmungen von Mitarbeiter:innen zu diversen Datenverarbeitungen und -speicherungen in einer CMP dokumentiert werden. Diese Anwendungen und Arten der Einwilligung führen an dieser Stelle jedoch zu weit.

Für uns sind vor allem die folgenden Punkte aus dem TTDSG-E wissenswert:

- Es sind klare, ausdrücklich geregelte Ausnahmetatbestände für das Einwilligungserfordernis (über die technische Erforderlichkeit entsprechend dem Art. 5 Abs. 3 ePrivacy-Richtlinie hinaus) über vertragliche Verpflichtung oder zur Erfüllung gesetzlicher Pflichten vorgesehen. Das bedeutet, dass über die geschickte Vertragsgestaltung die Einwilligung via Cookie-Banner obsolet werden kann.
- Möglich ist ebenfalls die Wiederbelebung von „Do-Not-Track"-Browsereinstellungen über ErwGr. 66 Satz 3. Das würde bedeuten, dass die Funktion zum generellen Opt-in oder Opt-out im Browser wieder eingeführt wird – diese Option gab es in der Vergangenheit bereits, sie wurde jedoch kaum berücksichtigt und daher von den Browsern wieder eingestampft.
- Eine Neuregelung von Zuständigkeiten des BfDI (= *Bundesbeauftragten für den Datenschutz und die Informationsfreiheit*) ist ebenfalls vorgesehen. Die Bundesregierung hat sich im Zuge der ePrivacy-VO-Verhandlungen darauf verständigt, dass sich die Datenschutzaufsicht zukünftig an der DSGVO orientieren soll, soweit die Verarbeitung personenbezogener Daten betroffen ist.
- Am Bußgeldrahmen nach Art. 83 ff. DSGVO wird sich bei Verstößen auch das TTDSG orientieren.
- Die Erhebung von Standortdaten und Geo-Locations soll ebenfalls nur bei vorliegender Einwilligung geschehen, außer die Erhebung ist zur Ausführung eines gewünschten Dienstes erforderlich. Das TTDSG-E sieht vor, dass Geo-Informationen anonymisiert und die Nutzer:innen von mobilen Devices per Textmitteilung an das Endgerät darüber informiert werden müssen, wenn der genaue Standort erhoben wurde. **Diese Regelung könnte das Aus für standortbasierte Werbung in Deutschland bedeuten.**

Für das Gesetz ist bisher keine Übergangsfrist vorgesehen. Nach Art. 25 TTDSG-E soll es direkt am Tag nach der Verkündung gelten – dafür angesetzt war der 21. Dezember 2020. Das war von Anfang an ein höchst ambitionierter Zeitplan. Ein neues Datum wurde zum Zeitpunkt der Fertigstellung dieses Buches noch nicht bekanntgegeben. Allerdings mahnt uns der ursprüngliche, enge Zeitplan, den Entwurf ernst zu nehmen, die Entwicklungen intensiv zu verfolgen und etwaige anstehende Entscheidungen zu treffen, da es irgendwann sehr schnell gehen kann.

1.5.3 CCPA

Die Amerikaner blickten zunächst abfällig auf unsere DSGVO. Ein „dummes Eigentor" habe sich Europa damit geschossen, meinte der PayPal-Gründer und US-Investor deutscher Herkunft Peter Thiel (WELT Nachrichtensender 2018).

Doch dann nahm die Geschichte eine überraschende Wendung. Kalifornien, schon immer als Vorreiter hinsichtlich Datenschutzvorschriften in den USA bekannt (und gefürchtet), ließ sich zu einer „Blitzgesetzgebung" hinreißen. Der California Consumer Privacy Act (CCPA) wurde in einer Rekordzeit von 72 h in den Senat eingebracht, diskutiert und verabschiedet. Der CCPA umfasste da zwar nur 35 Seiten und war lange nicht so streng wie die DSGVO, aber es war wohl das Beste, was sich die Amerikaner aus den Fingern saugen konnten.

Es folgten heftige Kritik und Empörung. Gerade in Kalifornien, wo die meisten Tech-Giganten und unzählige datengetriebene Software-Firmen und Startups ihren Sitz haben, würde die Regulierung so gut wie alle treffen. Unternehmen und deren Anwälte fürchteten einen „Litigation-Tsunami" (Saikali 2019).

Einige US-Staaten wie Nevada und Washington zogen nach und brachten ihrerseits Datenschutzgesetze auf den Weg. Problematisch bei diesen ist, dass diese sich nur teilweise mit dem CCPA decken. Anderer Wortlaut, andere Definitionen und tatsächliche Unterschiede in Erforderlichkeiten stellen Unternehmen, welche mehrere dieser State-Regulierungen erfüllen müssen, vor die unangenehme Herausforderung, diesen Flickenteppich irgendwie unter einen Hut zu bekommen.

Fast zwölf weitere Monate wurde an der finalen Fassung des CCPA herumgedoktert, welche dann am 14. August 2020 endlich vorlag (State of California Department of Justice 2020). Für Unternehmen in den USA und solche, die trotz ihres Sitzes anderswo darunter fallen, brachte das verständlicherweise geradezu unträgbare Unwägbarkeiten mit sich. Kein Wunder, solange man nicht sicher weiß, was es zu erfüllen gilt, ist es schwierig, auf Erfüllung des Unbekannten hinzuarbeiten. Ganz so unklar war es natürlich nicht bei allen Normen. Bei Informations- und Offenlegungspflichten konnte man sich schon sehr sicher sein, dass diese in ähnlicher Form auch so kommen würden. Unternehmen, die bereits auf eine DSGVO-Konformität hingearbeitet hatten, haben es jetzt deutlich einfacher, die CCPA-Anforderungen zu erfüllen. Gut für die europäischen Unternehmen, denn diese fallen aufgrund des extraterritorialen Anwendungsbereiches auch unter die CCPA!

> Auch deutsche und europäische Unternehmen müssen CCPA-konform sein, wenn ihr Service in Kalifornien verfügbar ist und wenn sie kalifornische User:innen haben.

Inhalte des CCPA

Ähnlich wie die DSGVO etabliert der CCPA einige grundlegende Rechte zugunsten der Verbraucher:innen und deren persönlicher Daten:

- das Recht zu erfahren, welche persönlichen Daten über sie gesammelt werden;
- das Recht zu erfahren, ob diese Daten verkauft oder offengelegt werden und an wen;
- das Recht, dem Verkauf zukünftig zu widersprechen („Do Not Sell My Personal Information");
- das Recht, auf diese Daten zugreifen zu können (über Data Subject Access Requests (DSAR);
- das Recht, unabhängig von ihrer Entscheidung auch im Falle des Opt-outs gleiche Leistungen und Preise zu erhalten.

Welche Daten schützt der CCPA? Das Pendant zu personenbezogenen Daten sind im CCPA die persönlichen Daten. Darunter fallen alle Informationen, die zur direkten oder indirekten Identifizierung einer Person geeignet sind. Das schließt beispielsweise mit ein: den echten Name, den Aliasname, die Postanschrift, die eindeutige persönliche Kennung, die Online-Kennung, die E-Mail-Adresse, den Accountname, die Führerscheinnummer, die Reisepassnummer und **auch pseudonyme Kennungen wie die Cookie-IDs, IP-Adressen und mobile Anzeigen-IDs.**

Preference Management zwingend erforderlich
Unternehmen müssen die Rechte in all ihren Prozessen berücksichtigen und einen Nachweis über die Verbraucherpräferenzen für die gesamte Datenlieferkette erbringen. Insbesondere müssen Verbraucher:innen in der Lage sein, von jedem Ort, an dem sie ihren Inhalt konsumieren, problemlos eine DNS-Anfrage (Do Not Sell) stellen zu können.

Daraus ergibt sich das Erfordernis, eine Software zur Verwaltung der Nutzer:innenpräferenzen einzusetzen. Der Begriff CMP ist im Zuge dessen teilweise in den USA angelangt. Allerdings sieht es nicht danach aus, als dass er sich durchsetzen würde – das IAB hat auch für den CCPA ein programmatisches Compliance Framework veröffentlicht, was aber keine CMPs als Intermediäre vorsieht (IAB 2019). De facto lässt sich aber eine europäische CMP auch für das CCPA Framework hernehmen, da unser berechtigtes Interesse mit dem Recht auf Opt-out quasi dem kalifornischen Do Not Sell Opt-out entspricht. Informationspflichten lassen sich dann einfach erweitern.

1.6 Konform Einwilligen im Web

Im Folgenden schauen wir uns an, welche Kriterien es für die Einwilligung im Allgemeinen gibt und was diese in der konkreten Anwendung bei Website- und Appbesuchen bedeuten.

Eine konforme Einwilligung muss heutzutage einiges auf dem Schirm haben, wenn sie den hohen Ansprüchen der DSGVO genügen will. Die DSGVO führt gleich in Artikel 4 eine generelle Definition ein, die für den gesamten Anwendungsbereich der DSGVO gelten soll.

> **Definition Einwilligung im Sinne von Art. 4 Nr. 11 DSGVO**
> „jede freiwillig für den bestimmten Fall, in informierter Weise und unmissverständlich abgegebene Willensbekundung in Form einer Erklärung oder einer sonstigen eindeutigen bestätigenden Handlung, mit der die betroffene Person zu verstehen gibt, dass sie mit der Verarbeitung der sie betreffenden personenbezogenen Daten einverstanden ist."

Aus dieser Definition lassen sich schon einmal die Kriterien der Freiwilligkeit, Informiertheit und Unmissverständlichkeit ableiten. Doch das ist nicht alles. Teilweise wird in den Erwägungsgründen und an späteren Stellen im Gesetzestext weiter auf den Begriff der Einwilligung eingegangen. Alles zusammengenommen, ergibt sich ein ganzheitliches Bild davon, was der Gesetzgeber bezüglich Einwilligung reguliert haben will.

Kleiner Exkurs zur Juristerei und warum Gesetze komplex sind
Der oberste Leitsatz in der Juristerei, wenn es darum geht, Normen auszulegen, ist immer: Was hat der Gesetzgeber sich bei der Norm gedacht? Was wollte er erreichen? Wie würde er die Norm wohl für den konkreten Fall angewandt wissen wollen? Das ist nicht immer einfach, denn man kann leider keinem Abgeordneten in den Kopf gucken. Den verlängerten Arm des Gesetzgebers stellen daher Behörden dar. Im Falle des Datenschutzes sind das in Deutschland die Aufsichtsbehörden der Länder (16) und des Bundes (1). Sie sollen die Gesetze mit Leben füllen und mit praktischen Richtlinien etwa der Wirtschaft dabei helfen, die Anforderungen umzusetzen. Schlussendlich obliegt es dann den Gerichten, den Willen des Gesetzgebers definitiv auszulegen. Das ist dann die sogenannte Rechtsprechung (kurz *Rspr.*). Die Rechtspraxis folgt dann meist der Meinung der Gerichte. So bringt es das System logischerweise mit sich, dass es bei einem neuen Gesetz nicht sofort absolute Klarheit geben kann, welche realen Fälle rechtssicher sind und welche nicht. Das Verständnis einer Norm entwickelt sich erst über Jahre und Jahrzehnte und wird auch beständig fortentwickelt. Hierin begründet liegt auch die Problematik, wenn ein Gesetzestext wie die DSGVO von Nichtjuristen gelesen wird, die ihn so verstehen wollen, wie er eben da steht. So einfach ist es aber nicht.

Was genau sich der Gesetzgeber unter den einzelnen Kriterien der DSGVO vorstellt, basiert im Ursprung vor allem auf einem Papier einer speziellen Arbeitsgruppe des Europäischen Parlaments (Article 29 Data Protection Working Party 2018). Diverse EuGH-Urteile und veröffentlichte Meinungen von Aufsichtsbehörden der gesamten EU konkretisieren diese, sodass mittlerweile relative Rechtssicherheit herrscht, was gesetzlich von einer gültigen Einwilligung im Kontext einer Website oder App gefordert wird.

1.6.1 Freiwilligkeit

Die Freiwilligkeit ist der Kern der Einwilligung. Sie verlangt, dass den Betroffenen die Wahl gelassen wird: Möchten sie die Datenverarbeitung oder nicht. Dabei sollten sie sich nicht verpflichtet fühlen, einwilligen zu müssen. Wenn sie die Datenverarbeitung ablehnen, dürfen ihnen daraus **keine Nachteile** entstehen.

Inhaltlich geht damit das **Kopplungsverbot** einher. Das heißt, die Bereitstellung einer Leistung darf nicht an die Bereitstellung von Daten gekoppelt werden. Die DSGVO möchte nicht, dass Daten, weder direkt noch indirekt, zur Gegenleistung für einen Vertrag werden.

Grundsätzlich geht der Gesetzgeber davon aus, dass, wenn die Daten für die Bereitstellung des Services unbedingt nötig sind, z. B. im Rahmen der Nutzung einer Banking App, die Einwilligung gar nicht die richtige Rechtsgrundlage ist, da der/die Nutzer:in nicht wirklich frei entscheiden kann. In diesem Fall sollte man sich lieber auf berechtigtes Interesse oder ein Vertragsverhältnis stützen (Art. 29 WP).

Vorsicht ist somit auch bei Einwilligungen im Rahmen von AGB oder Verträgen geboten. Wenn mehrere Einwilligungen zu diversen Datenverarbeitungen in den AGB vergraben sind und nicht auch gesondert gegeben bzw. eben nicht gegeben werden können, wird die Einwilligung nicht als freiwillig durchgehen (siehe Erwägungsgrund 42, 43 DSGVO).

Da kommt dann oft die Frage auf, wie es sich etwa mit **Gutscheinen und Bonuspunktprogrammen** verhält. Das ist ein Graubereich und hängt vom Einzelfall ab. Hinweise für einen zulässigen „Incentive

Opt-in" finden Sie weiter unten im Kapitel zu Incentive Opt-in und Nutzungsverweigerung (Abschn. 6.3.8).

> **Meinungsstreit Kopplungsverbot**
>
> Wenn Sie sich tiefer mit dem Thema Kopplungsverbot und Nutzungsverweigerung beschäftigen, werden Sie auf einen juristischen Meinungsstreit stoßen. Die enge und wörtliche Auslegung der DSGVO verlangt gleichen Zugang zu einer Website bzw. App für alle und jeden – unabhängig von der Bereitschaft, Daten für Marketingzwecke herzugeben oder nicht. Das bedeutet, dass die Verweigerung des Consents nicht dazu führen darf, dass die Nutzer:innen den Dienst (die Website oder App) nicht mehr aufrufen können.
>
> Das erscheint einigen Juristen ziemlich unfair, denn der Websitebetreiber sei ja immerhin „Hausherr" und solle entscheiden können, zu welchen Bedingungen er die Nutzer:innen reinlässt (Schirmbacher 2020). Daraus ergibt sich eine differenzierte Meinung, die davon ausgeht, dass sich eben kein unbedingtes Kopplungsverbot aus der DSGVO ableiten lässt (Urteil v. 31.08.2018 - Az.: 6 Ob 140/18h). Ein Kopplungsverbot liegt laut letzterer Meinung vor allem dann vor, wenn parallel zum Vertragsschluss eine Datenverarbeitung an eine damit verknüpfte Einwilligung gekoppelt wird. Da es sich beim „Stöbern" auf diversen Websites noch nicht um einen Vertragsschluss handelt, könnte man die Nutzungsverweigerung also als legitim ansehen, allerdings zielen beispielsweise alle eCommerce-Shops ja auf den Vertragsschluss ab und damit wird die „softe" Betrachtung schwierig. Wenn Sie es sich als Online-Shop Betreiber leisten können, auf Website-Besucher:innen zu verzichten, dann werden Sie dafür vermutlich Jurist:innen finden, die Ihnen beipflichten. Sollten Sie allerdings bereits in einem Vertragsverhältnis mit den Nutzer:innen stehen, z. B. als Bank, und Ihren Kund:innen dann nur noch bei Einwilligung Online-Zugang zu deren Konten gewähren, dann ist das eindeutig nicht erlaubt.

Wir können die Entscheidung nicht für Sie treffen, welcher Lehre Sie folgen möchten. Es gibt aktuell einige Rechtsabteilungen und Kanzleien, die hier einen Graubereich identifizieren und die Schiene „Nutzungsverweigerung" fahren. Damit Sie auf Nummer Sicher gehen können, vertreten wir hier im Buch die strenge konservative Auslegung, gehen aber im Kapitel zu „Incentive-Opt-in und Nutzungsverweigerung" (Abschn. 6.3.8) nochmals darauf ein.

Was bedeutet das für die Website/App

- Auf dem Privacy-Banner muss es die Option geben, nicht einzuwilligen.
- Idealerweise gibt es einen dedizierten „Ablehnen-Button".
- Die Wahlfreiheit schließt technisch mit ein, dass keine Cookies und Technologien gesetzt werden, wenn der Nutzer die Webseite oder App lediglich **aufruft**. Sonst würde ihm ja die Wahl genommen, da die Daten schon abgeflossen wären, bevor er überhaupt einwilligen oder ablehnen konnte. Das ist ein Grund, warum ein herkömmlicher Cookie-Banner nicht mehr ausreicht, denn der hatte in 99 % der Fälle keinerlei technische Implikationen. Eine (richtig implementierte) CMP stellt sicher, dass die Einwilligung und das Setzen der Technologien verknüpft sind.
- Die Webseite und die App müssen aufrufbar und nutzbar sein, auch wenn der Nutzer kein grünes Licht gibt (laut enger Meinung).

Beispiel 1: GPS-Daten und verhaltensbezogene Werbung in Foto-App

Sie laden eine App zur Fotobearbeitung herunter. Die App fragt direkt nach dem Download, ob sie auf GPS-Daten zugreifen darf und informiert auch darüber, dass sie diese Daten dann für verhaltensbezogene Werbung verwendet. Ohne die Einwilligung hierzu können Sie die App nicht verwenden.
→ Kein freiwilliger Consent, da weder Ortsdaten noch Werbung nötig sind, um das Kernangebot „Fotos bearbeiten" anzubieten. Sie müssten die Möglichkeit haben, die Erhebung und Verarbeitung von GPS-Daten abzulehnen (Art. 29 WP Example 1).

Beispiel 2: personalisierter Newsletter

Sie abonnieren einen Newsletter. Das Unternehmen fragt Sie im Rahmen dessen, ob Sie einverstanden sind, dass mehr Daten als unbedingt nötig gesammelt werden, um herauszufinden, was Ihnen gefällt, sodass die Newsletter-Inhalte auf Ihren persönlichen Geschmack angepasst werden können. Sie stimmen zu. Wenn Sie später die Einwilligung zurückziehen, bekommen Sie nach wie vor den Newsletter, nur mit nicht-personalisierten Inhalten.
→ Freiwilliger Consent

1.6.2 Granularität

Aus der Freiwilligkeit leitet sich die Granularität als ein Subkriterium ab. Der Betroffene soll die Wahl haben und nicht gezwungen sein, mehreren Zwecken oder einem größeren, allgemeinen Zweck zustimmen zu müssen.

Was bedeutet das für die Website/App

- Es reicht nicht, nur generische Zwecke wie „Marketing" oder „Funktional" aufzuführen.
- Es müssen alle Unternehmen aufgeführt werden, die über gesetzte Cookies oder andere Technologien Daten empfangen oder verarbeiten.

Beispiel 3: ein Consent für alle

Ein Unternehmen fragt seine Nutzer:innen in derselben Consent-Abfrage nach der Einwilligung, die Daten für personalisierte E-mails zu verwenden sowie die Daten innerhalb der Unternehmensgruppe zu teilen.
→ Kein granularer Consent, da die Einwilligung nicht einzeln gegeben werden kann.

1.6.3 Spezifisch

Dieses Kriterium ist eng mit der Granularität und der Informationspflicht verknüpft. Eine Einwilligung wird nur dann als spezifisch durchgehen, wenn

i) die Zwecke so genau beschrieben werden, dass sich keine unerwarteten Funktionen einschleichen können,
ii) die Zwecke so granular beschrieben werden, dass die Nutzer:innen eine spezifische Einwilligung zu einem spezifischen Verarbeitungszweck geben können,

iii) die betroffenen Personen konkret über die Zwecke der Datennutzung und die Folgen der Verarbeitung informiert werden (Article 29 Data Protection Working Party 2018).

Was bedeutet das für die Website/App

- Die Zwecke sollten so spezifisch wie möglich beschrieben werden bspw. „Analyse von Nutzungsverhalten für dynamisches Ausspielen von Inhalten" anstatt nur „Analyse".
- Wenn ein neuer Zweck eingeführt werden soll, zu dem bereits gesammelte Daten verarbeitet werden sollen, muss für diesen Zweck ein neuer Consent eingeholt werden.
- Consent muss für jeden spezifischen Zweck bzw. Provider einzeln gegeben werden können.
- Spezifische Informationen zur Datenverarbeitung (welche genauen Datenpunkte werden gesammelt, spezifische Zeitangaben, etc.) müssen angegeben werden.

> **Beispiel 4: Haken bei Googles Datenschutzerklärung**
>
> Vor der Erstellung eines Android-Kontos bei Google müssen zwei Kästchen angekreuzt werden: „Ich stimme den Nutzungsbedingungen von Google zu" und „Ich stimme der Verarbeitung meiner Daten wie oben beschrieben und in den Datenschutzbestimmungen weiter erläutert zu".
> → Kein spezifischer Consent, denn damit willigen die Nutzer:innen vollständig für alle Verarbeitungsvorgänge (Personalisierung der Anzeigen, Spracherkennung usw.) ein, die von Google auf der Grundlage dieser Einwilligung durchgeführt werden.[7]

1.6.4 Informiertheit

Die Informationspflicht ist eng verbunden mit einem der Hauptprinzipien der DSGVO: dem Transparenzgebot in Art. 5 DSGVO.

---

[7] So urteile die Französische Aufsichtsbehörde und sprach unter anderem deswegen das 50 Mio. EUR Bußgeld gegen Google aus (CNIL 2019a).

Der Betroffene sollte mindestens wissen, wer der Verantwortliche ist und für welche Zwecke die Daten verarbeitet werden sollen (Erwägungsgrund 42 DSGVO).

Dazu gehört auch, dass die Information so bereitgestellt werden muss, dass sie nicht nur ein Anwalt oder AdTech-Spezialist versteht. Die durchschnittlichen Nutzer:innen sind hier der Maßstab. Ebenso gehört auch hier dazu, dass die Informationen zu einer Einwilligung separat und einfach zugänglich dargestellt werden – nicht in den AGB oder inmitten einer Datenschutzerklärung.

Was bedeutet das für die Website/App

- Es müssen alle relevanten Informationen zu Zwecken der Datenverarbeitung offengelegt werden, bevor Daten erhoben, transferiert oder verarbeitet werden. Das schließt folgende Punkte mit ein:
  - Umfang der Datenerhebung und Datenverarbeitung, also welche einzelnen Datenpunkte werden tatsächlich gesammelt
  - Zweck
  - Rechtsgrundlage
  - Dauer der Speicherung
  - Widerrufs- bzw. Widerspruchsmöglichkeit
- Die Informationen dürfen nicht in der Privacy Policy „versteckt" oder auf mehrere Stellen verteilt sein
- Die Informationen zu den einzelnen Technologien müssen so dargestellt sein, dass sie einfach verständlich sind. Sie sollten also nicht mit komplizierten technischen Begrifflichkeiten beschrieben werden, sondern möglichst auch für AdTech-Laien zugänglich sein

---

Beispiel 5: verstreute Informationen

Die Nutzer:innen möchten sich z. B. über alle Informationen zur Datenverarbeitung des Geo-Tracking-Dienstes informieren. Wesentliche Informationen wie die Zwecke der Datenverarbeitung, die Aufbewahrungsfristen oder die verwendeten Kategorien personenbezogener Daten sind über unterschiedliche Dokumente verteilt, versehen mit Buttons und Links, auf die man klicken muss, um zu ergänzenden

1 Rechtliche Grundlagen

Informationen zu gelangen. Um zu den relevanten Informationen vorzudringen, sind mehrere (bis zu 6) Schritte nötig.

→ Keine informierte Einwilligung, da die allgemeine Struktur der Informationsbereitstellung gegen die Gebote der Transparenz und einfachen Information verstößt.[8]

Beispiel 6: SDK eines Drittanbieters in App sammelt Geodaten

Ein AdTech-Unternehmen ermöglicht es Einzelhändlern, über Geodaten potenzielle Kunden zu erreichen und die Aktivitäten in ihren Ladengeschäften zu analysieren. Um an die Geodaten von Nutzer:innen zu kommen, wird ein SDK in alle möglichen Apps implementiert. Dort werden die Nutzer:innen nach ihrer Einwilligung für Geo-Daten zu Werbezwecken gefragt. Der Name des einzelnen AdTech-Unternehmens, welches die Daten erhält und verarbeitet, wird nicht angezeigt.

→ Keine informierte Einwilligung, da die Nutzer:innen wissen müssen, welche Unternehmen namentlich ihre Daten erhalten und verarbeiten werden.[9]

Beispiel 7

Die Nutzer:innen werden vor jeder Erfassung ihrer Daten über Folgendes informiert:
- den Zweck der Verarbeitung: geolokalisierte gezielte Werbung
- die Identität der für die Datenverarbeitung Verantwortlichen (Geomarketing-Partner), die über einen anklickbaren Link leicht zugänglich sind
- die gesammelten Daten: die Werbekennung des Telefons und die Geolokalisierungsdaten
- die Möglichkeit, ihre Einwilligung jederzeit zu widerrufen
- die Möglichkeit, umfassendere Informationen, insbesondere zu ihren Rechten, durch anklickbaren Link abzurufen

---

[8] Genau diesen Fall kritisierte die CNIL im Rahmen des 50 Mio. EUR Bußgeldes gegen Google (CNIL 2019a).

[9] Genau diesen Fall kritisierte die CNIL im Rahmen der öffentlichen Warnung gegen VECTAURY (CNIL 2018).

> Im Falle einer Ablehnung werden die Daten nicht erhoben und die Nutzer:innen können die App weiterhin verwenden, ohne dass sich die Qualität des Dienstes ändert.
> → Informierte Einwilligung.[10]

1.6.5 Unmissverständlichkeit

Es muss absolut eindeutig sein, dass die betroffene Person einwilligen wollte. Die DSGVO lässt hier keinen Raum für Zweifel. Deswegen muss die Einwilligung eine offensichtlich bestätigende Bewegung oder Erklärung sein. Schweigen oder Inaktivität kann nie als Einwilligung verstanden werden (Art. 29 WP).

Was bedeutet das für die Website/App

- Die Botschaft auf dem Banner muss klar zeigen, dass hier eine rechtlich verbindliche Einwilligung gegeben wird, die technische Implikationen und eine Datenverarbeitung zu bestimmten Zwecken zur Folge hat.
- Scrolling oder Swiping sind **keine** unmissverständlichen Handlungen, da sie nicht immer eindeutig von anderen Handlungen der Nutzer:innen abgegrenzt werden können (European Data Protection Board 2020).
- Das **Anklicken eines Kästchens** oder eines Buttons ist eine solche unmissverständliche Einwilligung (Erwägungsgrund 32).

1.6.6 Explizite Handlung

Als CMPs gerade neu auf den Markt kamen, gingen einige Unternehmen noch davon aus, dass sie sich mit einer impliziten Einwilligung

---

[10]Genau dieses Szenario attestierte die CNIL VECTAURY am Ende des Warnverfahrens (CNIL o. J.b)als DSGVO-konform.

aus der Affäre ziehen können. Die Argumentation dahinter war, dass das Gesetz ja lediglich ein aktives Verhalten fordert und warum sollte denn beispielsweise ein Scrollen oder „Weitersurfen" nicht als solches durchgehen? Jedenfalls bieten deswegen viele ältere CMPs die Möglichkeit, auch durch Mausbewegung oder Scrollen eine Einwilligung zu generieren. Dieses Feature kommt aber heute praktisch nicht mehr zum Einsatz. Einerseits, weil die Planet49-Entscheidung hier Klarheit geschaffen hat: Eine Einwilligung zu Marketing-Zwecken braucht eine explizite Einwilligung. Andererseits macht das TCF strenge Vorgaben an CMP-Anbieter, die nur eine Einwilligung im TC-String-Format senden dürfen, wenn auch eine echte explizite Einwilligung vorliegt. Somit haben die CMPs auch ein Interesse daran, bei ihren Kunden die explizite Einwilligung einzufordern.

Was bedeutet das für die Website/App

- Das allseits bekannte „Weitersurfen" stellt eben keine solche aktive Handlung dar.
- Die Nutzer:innen müssen proaktiv eine Schaltfläche, also wahrscheinlich einen Button, anklicken, der auch unmissverständlich eine rechtsverbindliche Einwilligung darstellt. Der Wortlaut dieses Buttons sollte dementsprechend auch explizit ausgestaltet sein (siehe Unterkapitel „Wording").

1.6.7 Widerruf der Einwilligung

Ganz wichtig ist, dass die Einwilligung genauso einfach widerrufen werden kann, wie sie gegeben werden konnte (siehe Art. 7 Abs. 3 DSGVO). Das bedeutet nicht zwingend, dass die Einwilligung in derselben Art und Weise wie sie gegeben wurde auch widerrufen werden können muss. Das eine darf nur nicht schwerer sein als das andere. Wichtig ist dabei, dass den Nutzer:innen daraus keine Nachteile beim Verwenden des Services entstehen sollten.

Was bedeutet das für die Website/App

- Wenn die Nutzer:innen die Einwilligung über einen „Akzeptieren"-Button auf einem Cookie-Banner geben, dann darf der Widerruf dieser Einwilligung nicht tief in der Datenschutzerklärung auf einer der hinteren Seiten versteckt sein. Vielmehr muss über 1–2 intuitive Klicks der Widerruf möglich sein.
- Im Rahmen der Informationspflicht müssen die Nutzer:innen auch im Banner-Text auf ihr Recht auf Widerruf und wie genau dieser Widerruf getätigt werden kann (z. B. über einen Link „Cookie-Einstellungen" im Footer) hingewiesen werden (Erwägungsgrund 39).

1.6.8 Dokumentation & Nachweis

Das vielleicht schwierigste Erfordernis ist die Dokumentation der Einwilligung. Denn die DSGVO sieht vor, dass der Verantwortliche beweisen muss, dass er nichts falsch gemacht hat. Er muss also einen sog. **Entlastungsbeweis** erbringen (Erwägungsgrund 42 DSGVO).

Ein vollumfänglicher Nachweis bedeutet, dass der Verantwortliche nicht nur die Einwilligung à la „ja/nein" nachweisen muss. Vielmehr muss er auch beweisen können, dass sie den einzelnen Kriterien entsprach. Beispielsweise hinsichtlich der Freiwilligkeit muss der Verantwortliche nachweisen, dass es möglich war, die Zustimmung ohne Nachteile zu verweigern oder zu widerrufen (Erwägungsgrund 42 DSGVO).

Was bedeutet das für die Website/App
Zu beweisen, dass eine bestimmte aber anonyme Websitebesucherin eingewilligt hat, ist zweifelsohne schwierig. Um dieses Thema zu lösen, lässt sich gut auf den Wortlaut des BayLDA (Bayerisches Landesamt für Datenschutzaufsicht) hinweisen, welches diese Herausforderung erkannt hat und eine recht praktikable Anweisung gibt:

1 Rechtliche Grundlagen

- *„Zur Erfüllung der Nachweispflichten des Art. 7 Abs. 1 DSGVO ist es gem. Art. 11 Abs. 1 DSGVO nicht erforderlich, dass die Nutzer dazu direkt identifiziert werden. Eine indirekte Identifizierung (vgl. Erwägungsgrund 26) ist ausreichend. Damit die Entscheidung des Nutzers für oder gegen eine Einwilligung bei einem weiteren Aufruf der Website berücksichtigt wird und das Banner nicht erneut erscheint, kann deren Ergebnis **auf dem Endgerät des Nutzers ohne Verwendung einer User-ID o. ä. vom Verantwortlichen gespeichert werden.** Durch ein solches Verfahren kann der Nachweis einer vorliegenden Einwilligung erbracht werden."* (DSK 2019, S. 9)
- Der **Einsatz einer CMP** lohnt hier besonders, denn deren Hauptaufgabe ist die Dokumentation der Opt-ins und Opt-outs und sich die Entscheidung der Nutzer:innen technisch zu merken, ohne sie damit bereits zu tracken.
- Das **IAB TCF** 2.0 bietet hier mit dem sogenannten **TC String** eine Möglichkeit, die Einwilligung programmatisch zu dokumentieren und zu beweisen (siehe nächstes Hauptkapitel Kap. 2).
- Einige CMPs haben eigene Audit Trail Logiken entwickelt, die auch einen Nachweis garantieren.

1.7 Checkliste: Das müssen Websites aufgrund der DSGVO sonst noch tun

- **Informationspflicht:** Datenschutzerklärungen anpassen und sicherstellen, dass alle Informationen, wie in Art. 13 DSGVO verlangt, offengelegt werden. Insbesondere die Verwendung sämtlicher eingebetteter Technologien. Hierfür verknüpfen Sie am besten die CMP mit der Privacy Policy.
- **Newsletter:** Einwilligung zum Newsletter konform einholen, d. h. explizit, freiwillig und in einer separaten Einwilligungserklärung. Es muss offengelegt werden, welche Inhalte in welcher Häufigkeit zu erwarten sind, welche Daten dabei erhoben werden und wie man den Newsletter wieder abbestellen kann. Danach muss ein Double Opt-in Verfahren folgen. Die Abmeldung sollte möglichst einfach sein.

- **Kopplungsverbot:** Die Einwilligung zum Newsletter darf nicht an betörend verführerische kostenlose Leistungen, die man im Gegenzug erhält, geknüpft sein. Die meisten praktizierenden Juristen sehen einen kleinen Gutschein (in der Praxis bis 15 € bzw. 15 %) als Incentivierung, die noch nicht unter das Kopplungsverbot fällt. Das könnte sich allerdings noch mit der Rechtsprechung ändern.
- **Kontaktformulare:** Überprüfen Sie, ob nur Daten abgefragt werden, die tatsächlich auch nötig sind, um die jeweilige Anfrage zu bearbeiten. Das Alter der Nutzer:innen beispielsweise ist in den seltensten Fällen eine service-relevante Information.
- **Auftragsverarbeitung:** Schließen Sie AVVs mit allen Drittparteien, die über Ihre Website Zugang zu den Daten Ihrer Besucher:innen bekommen, z. B. Ihrem Hoster, Ihrem Newsletter Provider und Anbietern von implementierten Cookies und ähnlichen Technologien.
- **Datenschutzmodus:** Bei manchen Technologien gibt es mehrere Möglichkeiten, diese einzusetzen. Überprüfen Sie, ob Sie die datenschutzfreundlichste Variante aktiviert haben. Beispiel Google Analytics: Nur mit anonymizeIP-Feature verwenden!
- **Verschlüsselung:** Installieren Sie ein SSL-Zertifikat.

Verschlüsselte Seiten erkennt man daran, dass die URL mit https anfängt. Und: Verschlüsselte Seiten werden bevorzugt in den Google Suchergebnissen angezeigt!

1.8 Self-Audit – Ist Ihre Website DSGVO-konform?

Anhand der Kriterien für eine Einwilligung sowie den generellen Anforderungen an eine Website können Sie im Selbstversuch Ihre eigene Website oder App überprüfen.

Holen Sie bereits eine rechtssichere Einwilligung Ihrer Nutzer:innen ein? Oder mangelt es an der ein oder anderen Stelle? **Seien Sie kritisch. Die Aufsichtsbehörde wird es auch sein!**

Ausschlaggebend für eine realistische Beantwortung dieser Kriterien ist, was man im juristischen Fachjargon den *objektiven Empfängerhorizont* nennt. Gemeint ist damit, was man wohl von den durchschnittlichen Nutzer:innen erwarten könnte – wie würden sie die Einwilligungssituation empfinden? Fühlen sie sich gut abgeholt und informiert? Haben sie eine echte Wahl? Können sie jederzeit widerrufen? Im Zweifel sollte Ihr Maßstab sein, dass auch Ihre Eltern oder Großeltern wirksam in eine Datenverarbeitung einwilligen können sollten (Tab. 1.1).

Um festzustellen, wann und ob Cookies oder andere Technologien noch vor einer Einwilligung geladen werden, können Sie sich einiger kostenloser Tools bedienen, z. B. Webbkoll (https://webbkoll.dataskydd.net/de).[11] Dort geben Sie die URL-Adresse der zu überprüfenden Domain ein und los geht's. Das Tool simuliert sodann einen Live-Besuch auf dieser Website und schneidet mit, welche URL-Requests im Moment des Seitenaufrufs (ohne Einwilligung) getriggert werden. Daraus wird abgeleitet, welche First-Party und Third-Party Cookies gesetzt werden, sowie welche Third-Party Requests stattfinden. Das Ergebnis könnte dann so aussehen (Abb. 1.3):

Das Ziel muss sein, dass keine Cookies oder Requests, welche einwilligungspflichtig wären, gefunden werden. Wenn das der Fall ist, ist es durchaus ratsam, einen Screenshot des Webkoll-Ergebnisses als interne Aktennotiz abzulegen und als Nachweis gegenüber einer Behörde vorzuhalten.

---

[11] Webbkoll wird von dem schwedischen politisch unabhängigen gemeinnützigen Verein Dataskydd.net bereitgestellt, dessen Zweck darin besteht, fundierte Entscheidungen zu Gesetzgebung und Technologie im Einklang mit den Grundrechten auf Datenschutz und persönliche Integrität zu treffen.

Tab. 1.1 Checkliste Compliant Consent Management für den Self-Audit

Kriterium	Erklärung	Erfüllt meine Website/App
Freiwilligkeit	Es gibt einen „Annehmen-" und einen „Ablehnen-Button" Die Website/App kann verwendet werden, auch wenn keine Zustimmung zu nicht notwendigen Datenverarbeitungen wie etwa zu Werbezwecken gegeben wird Es werden keinerlei einwilligungspflichtige Technologien auf dem Endgerät gesetzt und dementsprechend auch keinerlei Daten erhoben oder verarbeitet, bevor nicht eine Zustimmung der Nutzer:innen vorliegt	
Granularität	Es werden alle an der Datenverarbeitung beteiligten Unternehmen einzeln angezeigt und eine Einwilligung kann granular auf dieser Ebene gegeben werden	
Spezifisch	Alle an der Datenverarbeitung beteiligten Unternehmen werden namentlich mit der genauen Firmenbezeichnung aufgeführt	
Informiertheit	Es werden alle Informationen zur Verfügung gestellt, die nach Art. 12, 13 DSGVO nötig sind, um eine informierte Einwilligung zu treffen	
Eindeutigkeit	Es gibt die Möglichkeit für die Nutzer:innen, unmissverständlich und offensichtlich eine rechtsverbindliche Erklärung gegenüber dem Webseitenbetreiber hinsichtlich einer Datenverarbeitung zu bestimmten Zwecken abzugeben	
Widerrufbarkeit	Es gibt eine Möglichkeit, von jeder Unterseite aus über den Footer oder eine andere Schaltfläche mit 1–2 Klicks auf die „Privatsphäre-Einstellungen" oder „Cookie-Einstellungen" zu kommen Die Einwilligung lässt sich dort mit 1–2 Klicks einfach widerrufen	

[Tabellenfußzeile – bitte überschreiben]

Drittanfragen (Third Party)

13 Anfragen (13 sicher, 0 unsicher) an 9 einzigartige Hosts.

Eine "Third-Party-Anfrage" ist ein Abruf von Ressourcen von einer anderen Domain als `siemens.com` oder einer ihrer Subdomains.

Host	IP	Land	Einordnung	URLs
assets.adobedtm.com	2a02:26f0:e2:4b1::1e80	SE		Zeigen (1)
cf-images.eu-west-1.prod.boltdns.net	52.85.48.53	US		Zeigen (1)
edge.api.brightcove.com	52.85.113.164	US	Content (Brightcove)	Zeigen (2)
img.en25.com	23.61.197.55	SE		Zeigen (1)
metrics.brightcove.com	35.244.232.184	US	Content (Brightcove)	Zeigen (4)
players.brightcove.net	95.101.172.227	SE		Zeigen (1)
s2033604275.t.eloqua.com	142.0.160.13	US	Analytics (Oracle)	Zeigen (1)
siemens.sc.omtrdc.net	15.237.136.106	FR	Advertising (Adobe)	Zeigen (1)
vjs.zencdn.net	2a04:4e42:3a::729			Zeigen (1)

Wir nutzen Mozillas Version der Open-Source-Tracker-Liste von Disconnect, um Hosts zu klassifizieren.

GDPR: Erwägungsgrund 69, Erwägungsgrund 70, Art. 5.1.b-c, Art. 25.

Abb. 1.3 Screenshot des Webkoll-Ergebnisses für die Domain (https://new.siemens.com/de/de.html (Stand 2020-11-22 13:29:48 ETC))

1.9 Was gilt für private Website-Betreiber und Vereine?

Egal ob die Website als Liebhaberprojekt für den Angelverein betrieben wird oder ob eine gemeinnützige Organisation dahinter steht – die DSGVO gilt hier gleichermaßen. Website ist Website. App ist App. Personenbezogene Daten werden unter Umständen überall gesammelt und verarbeitet, daher greifen hier die exakt selben Maßstäbe für Consent-Banner. Besondere Vorsicht gilt in diesem Bereich, weil gerade Vereine und kleinere Initiativen gerne die kostenlose und leicht zu implementierende Version von Google Analytics einsetzen. Sollte das in Ihrem Verein oder Pro-bono-Projekt der Fall sein, sollten Sie dringend über eine DSGVO-konforme Lösung durch eine CMP nachdenken, die dann auch datenschutztechnisch sauber eingebaut wird – diese Investition kann sich wirklich lohnen.

> **Ihr Transfer in die Praxis**
>
> - Sorgen Sie in Ihrem Unternehmen für ein breites Verständnis darüber, was Cookies sind, wie sie funktionieren und wofür sie gebraucht werden. Das ist entscheidend für alle weiteren Schritte und für eine große Akzeptanz für ein CMP-Projekt in Ihrem Unternehmen.
> - Klären Sie mit Ihrer Rechtsabteilung, auf Basis welcher Rechtsgrundlage Sie Daten erheben wollen und können.
> - Entscheiden Sie, welche rechtlichen Vorgaben Sie zusätzlich beachten müssen (zum Beispiel den CCPA, wenn Sie User:innen oder Kund:innen in Kalifornien haben).
> - Sollten Sie bereits einen Banner-Entwurf haben, überprüfen Sie ihn anhand obiger Kriterien für eine konforme Einwilligung.
> - Verwenden Sie die Checkliste und die Vorlage für den Self-Audit, um eine Diskussionsgrundlage für Gespräche mit Ihrer Rechtsabteilung zu haben.

Literatur

Anger H., & Neuerer D. (01. Januar 2020). Datenschutz-Verstöße: Zahl der Bußgelder ist drastisch gestiegen. *Handelsblatt.* https://www.handelsblatt.com/politik/deutschland/dsgvo-datenschutz-verstoesse-zahl-der-bussgelder-ist-drastisch-gestiegen/25364576.html?ticket=ST-674779-rCuep02xqyQPw7jdqEOu-ap2. Zugegriffen: 18. Sept. 2020.

Article 29 Data Protection Working Party. (2018). Opinion 15/2011 on the definition of consent. https://www.pdpjournals.com/docs/88081.pdf. Zugegriffen: 20. Sept. 2020.

Berliner Beauftragte für Datenschutz und Informationsfreiheit (BlnBDI). (2019). *Berliner Datenschutzbeauftragte verhängt Bußgeld gegen Immobiliengesellschaft.* (Pressemitteilung). https://www.datenschutz-berlin.de/fileadmin/user_upload/pdf/pressemitteilungen/2019/20191105-PM-Bussgeld_DW.pdf. Zugegriffen: 13. Nov. 2020.

Bernet D. [Regie]. (2015). *Democracy – Im Rausch der Daten* (Dokumentarfilm 100 Min.). Berlin: Indi Film GmbH. https://www.bpb.de/mediathek/254194/democracy-im-rausch-der-daten. Zugegriffen: 2. Okt. 2020.

Bittner J., & Scally D. (14. August 2013). Irische Datenschutzbehörde. Vertrauen ist besser. *Zeit Online.* https://www.zeit.de/2013/34/datenschutzbehoerde-irland-facebook-nsa. Zugegriffen: 20. Sept. 2020.

Brave. (2019). Scale billions of bid requests per day. https://brave.com/wp-content/uploads/2019/07/Scale-billions-of-bid-requests-per-day-RAN2019061811075588.pdf. Zugegriffen: 20. Sept. 2020.

Bundesgerichtshof (BGH). (2020). Mitteilung der Pressestelle Nr. 67/2020: Bundesgerichtshof zur Einwilligung in telefonische Werbung und Cookie-Speicherung. Urteil vom 28. Mai 2020 - I ZR 7/16 - Cookie-Einwilligung II. https://juris.bundesgerichtshof.de/cgi-bin/rechtsprechung/document.py?Gericht=bgh&Art=pm&Datum=2020&nr=106314&pos=1&anz=68. Zugegriffen: 20. Sept. 2020.

Bundesverband Digitale Wirtschaft e. V. (BVDW). (2019). Verbändeschreiben zur ePrivacy-Verordnung an Bundesminister Altmaier. https://bvdw.org/fileadmin/bvdw/upload/dokumente/recht/e_privacy_verordnung/20191119_Verbaendeschreiben_ePrivacy-Verordnung_BM_Altmaier.pdf. Zugegriffen: 15. Sept. 2020.

Christ S. (09. November 2020). Deutschland legt E-Privacy-Entwurf vor. *Tagesspiegel Background.* https://background.tagesspiegel.de/digitalisierung/deutschland-legt-e-privacy-entwurf-vor. Zugegriffen: 10. Nov. 2020.

CNIL. (2018). Décision MED-2018-042 du 30 octobre 2018. https://www.legifrance.gouv.fr/cnil/id/CNILTEXT000037594451/. Zugegriffen: 20. Sept. 2020.

CNIL. (2019a). The CNIL's restricted committee imposes a financial penalty of 50 Million euros against GOOGLE LLC. https://www.cnil.fr/en/cnils-restricted-committee-imposes-financial-penalty-50-million-euros-against-google-llc. Zugegriffen: 20. Sept. 2020.

CNIL. (2020a). The council of state confirms the sanction imposed on Google LLC. https://www.cnil.fr/en/council-state-confirms-sanction-imposed-google-llc. Zugegriffen: 19. Sept. 2020.

CNIL. (2020b). Mesurer la fréquentation de vos sites web et de vos applications. https://www.cnil.fr/fr/mesurer-la-frequentation-de-vos-sites-web-et-de-vos-applications. Zugegriffen: 19. Sept. 2020.

CNIL. (o. J.a). The CNIL's facts and figures. https://www.cnil.fr/en/cnils-facts-and-figures. Zugegriffen: 13. Nov. 2020.

CNIL. (o. J.b). La procédure de mise en demeure. https://www.cnil.fr/fr/la-procedure-de-mise-en-demeure. Zugegriffen: 13. Nov. 2020.

CNIL. (2020c). Cookies: Sanction de 35 millions d'euros à l'encontre d'AMAZON EUROPE CORE. https://www.cnil.fr/en/cookies-financial-penalty-35-million-euros-imposed-company-amazon-europe-core. Zugegriffen: 30. Dez. 2020.

Conseil d'État. (2020). RGPD: le Conseil d'État rejette le recours dirigé contre la sanction de 50 millions d'euros infligée à Google par la CNIL. https://www.conseil-etat.fr/actualites/actualites/rgpd-le-conseil-d-etat-rejette-le-recours-dirige-contre-la-sanction-de-50-millions-d-euros-infligee-a-google-par-la-cnil. Zugegriffen: 19. Sept. 2019.

Data Protection Commission (DPC). (2020). Guidance Note: Cookies and other tracking technologies. https://www.dataprotection.ie/sites/default/files/uploads/2020-04/Guidance%20note%20on%20cookies%20and%20other%20tracking%20technologies.pdf. Zugegriffen: 20. Sept. 2020.

Deiwick, H. (2020). Cookieless Tracking: Was auf Online-Marketer zukommt. https://t3n.de/news/cookieless-tracking-zukommt-1232500/. Zugegriffen: 2. Okt. 2020.

Der Bundesbeauftragte für den Datenschutz und die Informationsfreiheit (BfDI). (2019a). Personenbezogenes Webtracking nur mit Einwilligung. (Pressemitteilung). https://www.bfdi.bund.de/DE/Infothek/Pressemitteilungen/2019/26_WebtrackingEinwilligung.html. Zugegriffen: 20. Sept. 2020.

Der Bundesbeauftragte für den Datenschutz und die Informationsfreiheit (BfDI). (2019b). BfDI verhängt Geldbußen gegen Telekommunikationsdienstleister. https://www.bfdi.bund.de/DE/Infothek/Pressemitteilungen/2019/30_BfDIverh%C3%A4ngtGeldbu%C3%9Felu1.html. Zugegriffen: 18. Sept. 2020.

EuGH, Urteil Fashion ID, C-40/17, ECLI:EU:C:2019:629. Zugegriffen: 15. Nov. 2020.

EuGH, Urteil Planet49, C-673/17, ECLI:EU:C:2019:801. Zugegriffen: 15. Nov. 2020.

European Data Protection Board. (2020). Guidelines 05/2020 on consent under Regulation 2016/679. Version 1.1. Adopted on 4 May2020. https://edpb.europa.eu/sites/edpb/files/files/file1/edpb_guidelines_202005_consent_en.pdf. Zugegriffen: 20. Sept. 2020.

Fiebig, P. (25. April 2018). Die vertrackte Diskussion um EU-einheitlichen Datenschutz. *Deutschlandfunk*. https://www.deutschlandfunk.de/e-privacy-regeln-die-vertrackte-diskussion-um-eu.724.de.html?dram:article_id=416524. Zugegriffen: 19. Sept. 2020.

Greiner, R., & Helbing, T. (06. Dezember 2019). Schritt für Schritt zum Consent-Glück: So geht's!. *FELD M*. https://www.feld-m.de/schritt-fuer-schritt-zum-consent-glueck-so-gehts/. Zugegriffen: 16. Sept. 2020.

1 Rechtliche Grundlagen

Greiner, R. (13. August 2020). Ein neues deutsches Datenschutzgesetz (TTDSG) und die Zukunft des Consent Managements. *FELD M.* https://www.feld-m.de/ein-neues-deutsches-datenschutzgesetz-ttdsg-und-die-zukunft-des-consent-managements/. Zugegriffen: 15. Sept. 2020.

Information Commissioner's Office (ICO). (2019). Update report into adtech and real time bidding. https://ico.org.uk/media/about-the-ico/documents/2615156/adtech-real-time-bidding-report-201906.pdf. Zugegriffen: 20. Sept. 2020.

Information Commissioner's Office (ICO). (2020). ICO statement on Adtech work. https://ico.org.uk/about-the-ico/news-and-events/news-and-blogs/2020/05/ico-statement-on-adtech-work/. Zugegriffen: 19. Sept. 2020.

Interactive Advertising Bureau (IAB). (2019). IAB Releases the IAB CCPA Compliance Framework for Publishers & Technology Companies and the Limited Service Provider Agreement. https://www.iab.com/blog/ccpa-compliance-framework/. Zugegriffen: 20. Sept. 2020.

Klampfl, J. (07. Mai 2020). Was ist Piggybacking und ist meine Website davon betroffen? https://www.e-dialog.at/blog/webanalyse/was-ist-piggybacking-und-ist-meine-website-davon-betroffen/. Zugegriffen: 8. Nov. 2020.

Konferenz der unabhängigen Datenschutzaufsichtsbehörden des Bundes und der Länder (DSK). (2019). Orientierungshilfe der Aufsichtsbehörden für Anbieter von Telemedien. https://www.datenschutzkonferenz-online.de/media/oh/20190405_oh_tmg.pdf. Zugegriffen: 15. Sept. 2020.

Neuerer, D. (25. Februar 2020). Barley stellt Irlands Zuständigkeit für Facebook infrage. *Handelsblatt.* https://www.handelsblatt.com/politik/deutschland/datenschutz-verstoesse-barley-stellt-irlands-zustaendigkeit-fuer-facebook-infrage/25578058.html. Zugegriffen: 20. Sept. 2020.

OGH 31.08.2018, 6 Ob 140/18h, ÖBA 2018, 894/2530. Zugegriffen: 20. Sept. 2020.

Referentenentwurf des Bundesministeriums für Wirtschaft und Energie. (2020). Entwurf eines Gesetzes über den Datenschutz und den Schutz der Privatsphäre in der elektronischen Kommunikation und bei Telemedien sowie zur Änderung des Telekommunikationsgesetzes, des Telemediengesetzes und weiterer Gesetze. http://www.heise.de/downloads/18/2/9/4/6/4/2/1/20200731_RefE_TTDSG_cleaned.pdf. Zugegriffen: 6. Nov. 2020.

Rolland S. (09. November 2018). RGPD: Pépingle la startup de ciblage publicitaire Vectaury. *La Tribune.* https://www.latribune.fr/technos-medias/rgpd-pourquoi-la-cnil-epingle-la-startup-de-ciblage-publicitaire-vectaury-796985.html. Zugegriffen: 15. Nov. 2020.

Ryan J. (20. November 2018). French regulator shows deep flaws in IAB's consent framework and RTB. *Brave.* https://brave.com/cnil-consent-rtb/. Zugegriffen: 19. Sept. 2020.

Saikali A. (05. April 2019). The coming litigation tsunami? – Why private-right-of-action enforcement undermines privacy and data security. *Washington Legal Foundation.* https://www.wlf.org/2019/04/05/publishing/the-coming-litigation-tsunami-why-private-right-of-action-enforcement-undermines-privacy-and-data-security/. Zugegriffen: 20. Sept. 2020.

Schäfer J. (21. September 2020). Datenschutz: Irisches Gericht stoppt Untersuchung von US-Datentransfers. *eRecht24.* https://www.e-recht24.de/news/facebook/12363-us-daten-transfer-irland.html. Zugegriffen: 22. Sept. 2020.

Schechner, S., & Glazer, E. (09. September 2020). Ireland to order facebook to stop sending user data to U.S. *The Wall Street Journal.* https://www.wsj.com/articles/ireland-to-order-facebook-to-stop-sending-user-data-to-u-s-1159967198. Zugegriffen: 15. Sept. 2020.

Schirmbacher, M. (17. Juni 2020). Die Sendung mit der Metrik #94: „Ein Urteil zu Cookies mit Folgen – Was sich nach dem Planet49-Urteil in Deutschland ändert" (Podcast). https://open.spotify.com/episode/6aThsL5EbBqn53ue3lGyDv?si=OhqnGQDHQAyvKxG9JocsBw. Zugegriffen: 20. Okt. 2020.

State of California Department of Justice. (2020). Final text of proposed regulations, title 11. Law, division 1. Attorney general, chapter 20. California consumer privacy act regulations. https://oag.ca.gov/sites/all/files/agweb/pdfs/privacy/oal-sub-final-text-of-regs.pdf. Zugegriffen: 20. Sept. 2020.

Vectaury. (2019). Vectaury's reaction: Closure of the formal notice by the cnil. https://www.vectaury.io/en/blog/press_release_closure_notice.html. Zugegriffen 19. Sept. 2020.

Verbraucherzentrale. (2020). EuGH-Urteil: Like-Button von Facebook nur mit Info an Nutzer. https://www.verbraucherzentrale.de/wissen/digitale-welt/datenschutz/eughurteil-likebutton-von-facebook-nur-mit-info-an-nutzer-12029. Zugegriffen: 13. Nov. 2020.

WELT Nachrichtensender. (06. Juni 2018). BERLIN: Thiel - „Neue Datenschutzgrundverordnung ist ein dummes Eigentor". YouTube. https://www.youtube.com/watch?v=pnlvI1QiR9w. Zugegriffen: 13. Nov. 2020.

Worledge, M., & Bamford, M. (2019). Adtech. Market research report. March 2019. https://ico.org.uk/media/%20about-theico/documents/2614568/ico-ofcom-adtech-research-20190320.pdf. Zugegriffen: 20. Sept. 2020.

2

Das IAB Transparency & Consent Framework – eine Branche rettet sich selbst

Zusammenfassung

Was Sie aus diesem Kapitel mitnehmen

- Was das IAB Transparency & Consent Framework (TCF) ist und welche Rolle CMPs darin spielen
- Was die Versionen TCF 1.0, 1.1 und insbesondere TCF 2.0 beinhalten
- Wie Sie als Werbetreibender oder Publisher die Anforderungen für TCF 2.0 erfüllen
- Welche Auswirkungen das TCF auf die Werbeumsätze hat

Die Regulierung der DSGVO übte insbesondere Druck auf die Digitalwirtschaft und die Werbebranche aus. Das Interactive Advertising Bureau (IAB) veröffentlichte im März 2018, also zwei Monate vor Inkrafttreten der DSGVO, eine erste Version des *Transparency & Consent Frameworks*, kurz *TCF*. Es soll Verbraucher:innen mehr Transparenz und Kontrolle über die Verarbeitung ihrer Daten geben und damit vor allem das Ökosystem rund um programmatische Werbung in Zeiten der DSGVO erhalten. Wie? Indem man einen Industriestandard entwickelt, der eine **DSGVO-konforme** Datenverarbeitung zu Werbezwecken gewährleistet und vor allem eine Möglichkeit darstellt, die Einwilligung zu kodifizieren und über alle Teilnehmer:innen der programmatischen Werbekette hinweg durchzureichen. Der US-amerikanische Technologie-Provider Quantcast sah wohl vor allem sein eigenes Geschäftsmodell wegen der neuen Nebenbedingung „Einwilligung" in Gefahr und war als aktives IAB-Mitglied einer der Haupttreiber und maßgeblicher Entwickler des ersten TCF 1.0-Standards.

> **Wer oder was ist das Interactive Advertising Bureau (IAB)?** Das Interactive Advertising Bureau (IAB) vertritt die Interessen von Unternehmen der digitalen Werbe- und Medienbranche. Der Verband will insbesondere Vereinheitlichungen und Standardisierungen erarbeiten und damit digitale Werbekanäle für Werbekund:innen verbessern.[1]

Um zu verstehen, warum es einen solchen Industriestandard überhaupt braucht, muss man wissen, wie das AdTech-Ökosystem funktioniert. An der Ausspielung von programmatischer Werbung sind diverse Player beteiligt, die für die Nutzer:innen komplett unsichtbar bleiben, etwa SSPs (Sell Side Platform), DMPs (Data Management Platform) und DSPs (Demand Side Platform). Bevor eine Anzeige den Nutzer:innen etwa auf der Webseite eines Verlags ausgestrahlt wird, werden viele personenbezogene Nutzer:innendaten hin und her transferiert. Mit der DSGVO braucht man für diese Datentransfers zu reinen Marketing- bzw. Werbezwecken wohl eine explizite Einwilligung. Wie bereits dargestellt, muss diese Einwilligung auch granular sein. Das setzt voraus, dass die Nutzer:innen vorab über alle an der Datenverarbeitung beteiligten Unternehmen namentlich informiert werden und der Datenverarbeitung durch diese auch zustimmen. Problematisch ist dabei, dass diese, für die Nutzer:innen unsichtbaren, Player eben keine Berührungspunkte haben, um die Nutzer:innen direkt zu fragen.

---

[1] https://www.iab.com/our-story/. (IAB o. J.).

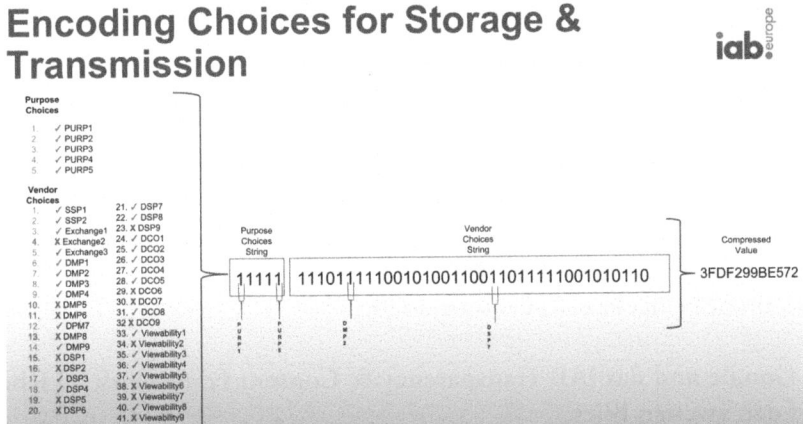

Abb. 2.1 Screenshot „Consent String" und Bedeutung aus IAB Webinar. (Quelle: Webinar von AppNexus und Quantcast organisiert vom (IAB 2018). IAB Europe's Transparency and Consent Framework – Deep Dive on the Technical Specification, Minute 27:34.)

Deswegen obliegt es notwendigerweise den Websitebetreibern, also den Publishern und Brands, initial die Einwilligung von ihren Nutzer:innen einzuholen. Sowohl für sich selber, aber auch explizit für die nachgelagerten (unsichtbaren) Vendoren. Auf die dann gegebene Präferenz der Nutzer:innen, also den Opt-in oder Opt-out, müssen die Provider aber auch entsprechend reagieren können. Deswegen müssen alle Player dieselbe (programmatische) Sprache sprechen, wenn es um Nutzer:innenpräferenzen geht. So ist die Idee entstanden, einen universellen Einwilligungscode zu entwickeln, der von allen, die sich dazu verpflichten, unterstützt wird. Diese Idee fand ihre Geburt im sogenannten *„Consent String"*, der Dreh- und Angelpunkt des TCF 1.0 und 1.1 wurde (Abb. 2.1).

a. CMPs als Intermediäre für Vertrauen und Kredibilität
Damit nicht nachgelagerte SSPs und DMPs etwa selbst die Einwilligung erstellen und in diesem Zuge eventuell fälschen oder manipulieren, hat der IAB von Anfang an die neue Institution der Consent Management Platforms als zentralen Bestandteil des TCF

vorgesehen: **Nur eine vom IAB zertifizierte CMP kann die Einwilligung im entsprechenden Format kreieren.** Der Begriff *CMP* wurde dementsprechend vor allem durch das IAB TCF geprägt und etabliert.

Indem Quantcast von Anfang an seine CMP „Quantcast Choice" kostenlos zur Verfügung stellte, wurde sie schnell zur meistverbreiteten CMP und hält diesen Vorsprung noch bis heute. Nach eigenen Angaben wird die Quantcast Choice CMP von über 25.000 Publishern und Brands eingesetzt (Quantcast 2020).

b. Google und das IAB Transparency & Consent Framework – Liebe auf den zweiten Blick

Man kann natürlich nicht von einem Industriestandard sprechen, solange Google als Industrieriese nicht Teil des Standards ist. Google gab zunächst zum Eintritt der DSGVO bekannt, ein eigenes Consent Framework „Funding Choices" zu launchen. Dies erntete harsche Kritik seitens der Industrie, da lediglich 12 Vendoren zugelassen waren (Hercher 2018). Der durchschnittliche Publisher verwendet eher um die 100 Vendoren oder mehr. Ein weiterer Kritikpunkt war, dass Google dadurch noch mehr Macht bekommen würde. Daraufhin stellte Google dieses Framework schnell ein. Kurz darauf, im März 2019, gab Google zum ersten Mal bekannt, dass sie sich auch dem IAB TCF anschließen wollen – allerdings seien hierzu noch einige Anpassungen nötig. So begann ein langes Ringen innerhalb der verantwortlichen Arbeitsgruppe des IAB, um auf einen gemeinsamen Nenner mit Google zu kommen. Mit am Tisch saßen Vertreter:innen europäischer und amerikanischer Publisher (z. B. Axel Springer, The New York Times, Hearst), Vertreter:innen der großen Tech-Plattformen (z. B. Facebook, Google, TikTok, Amazon), Vertreter:innen der AdTech Vendoren (z. B. Xandr, The Trade Desk, PubMatic, Unruly, Taboola) sowie Vertreter:innen verschiedener CMP-Anbieter (z. B. OneTrust, Iubenda, Didomi, Usercentrics).[2] Nach vielen Monaten gemeinsamer Entwicklung kam

---

[2]Liste der Mitglieder hier einsehbar: https://iabtechlab.com/standards/gdpr-transparency-and-consent-framework/. (Interactive Advertising Bureau. Tech Lab. 2019).

man am Ende zum Konsens und Google wurde offiziell Vendor im TCF 2.0.

2.1 Was ist das TCF 2.0?

Google knüpfte, wie weiter vorne bereits beschrieben, den Beitritt zum IAB TCF an die Bedingung, das Framework technisch und rechtlich zu überarbeiten. Auch viele Publisher hatten Änderungswünsche. Es folgte eine lange Auseinandersetzung zwischen verschiedenen Vertreter:innen von Publishern und AdTech-Anbietern innerhalb des zuständigen IAB-Gremiums. Im August 2019 wurden endlich die Spezifikationen des TCF 2.0 veröffentlicht (IAB 2019). Es war eine Übergangszeit von einem halben Jahr angesetzt, bis alle Publisher, Vendoren und CMPs die neuen Vorgaben umgesetzt haben sollten. Initial sollte TCF 2.0 im März 2020 das TCF 1.1 ablösen. Die Frist wurde zunächst bis zum 30. Juni 2020 verlängert. Aufgrund von COVID-19 hatte das IAB die Deadline noch mal auf den 15. August 2020 geschoben.

Der Umstieg von V1 auf V2 war eine große Herausforderung für die Branche, aber unbedingt nötig. Nicht nur die Implementierung an sich, die personelle Ressourcen bei jedem einzelnen Publisher, Werbetreibenden etc. fordert, verursacht den großen Aufwand, sondern auch der Umstand, dass bisher eingeholte Einwilligungen nicht transferiert werden konnten und somit neu eingeholt werden mussten. Da kann es passieren, dass Nutzer:innen, die erneut gefragt werden, dann keine Einwilligung mehr geben. Das hat sofortige monetäre Konsequenzen für den Publisher und Werbetreibenden (siehe unten zur Thematik *„Frequenz und Speicherdauern"*).

2.1.1 Was ändert sich durch das TCF 2.0?

- Detailliertere Datenverarbeitungszwecke müssen angegeben werden, sodass die Nutzer:innen ein besseres Gefühl dafür haben, welche ihrer Daten verarbeitet werden und warum. In der ersten Version hieß eine Kategorie z. B. nur „Personalisierung"; in 2.0 ist

„Personalisierung" in zwei Varianten unterteilt: „personalisiertes Anzeigenprofil erstellen" (eng. create personalized ads profile) oder „personalisiertes Inhaltsprofil erstellen" (eng. create personalized content profile).

- Nutzer:innen können die Zwecke pro Vendor ein- und ausschalten. Das gibt Publishern eine größere Kontrolle darüber, Technologie-Anbieter differenziert einzusetzen.
- Berechtigtes Interesse wird weiterhin unterstützt und durch neue differenzierte „Signale" wird diese Rechtsgrundlage gesondert weitergegeben
- Enthalten ist ein integriertes Widerspruchsrecht, was bedeutet, dass die Nutzer:innen die Möglichkeit haben, zu signalisieren, ob sie mit der Datenverarbeitung auf der Basis eines berechtigten Interesses einverstanden sind oder nicht.

Insgesamt gibt es in TCF 2.0 **10 Verwendungszwecke** zur Auswahl. TCF 1.1 sah nur fünf vor (Abb. 2.2):

2.1.2 Mit „Stacks" die gesamte Bandbreite an Nutzer:innen befriedigen

Das TCF 2.0 beinhaltet sogenannte „Stacks". Damit will das IAB erreichen, dass der/die durchschnittliche Verbraucher:in gut informiert wird, aber auch granularere Informationen verfügbar sind, sofern von Interesse für die einzelne Person.

> **Beispiel**
>
> Der Stack „Personalisierte Anzeigen und Anzeigenmessung" deckt vier Zwecke auf einmal ab: „Grundlegende Anzeigenauswahl", „Erstellung eines personalisierten Anzeigenprofils", „Auswahl personalisierter Anzeigen" und „Messung der Anzeigen Performance". Benutzer:innen können sich mit einem weiteren Klick eine benutzerfreundliche Definition für jeden Zweck anzeigen lassen. Besonders Interessierte können auch die vollständige rechtliche Definition für jeden Anwendungsfall einsehen (Abb. 2.3).

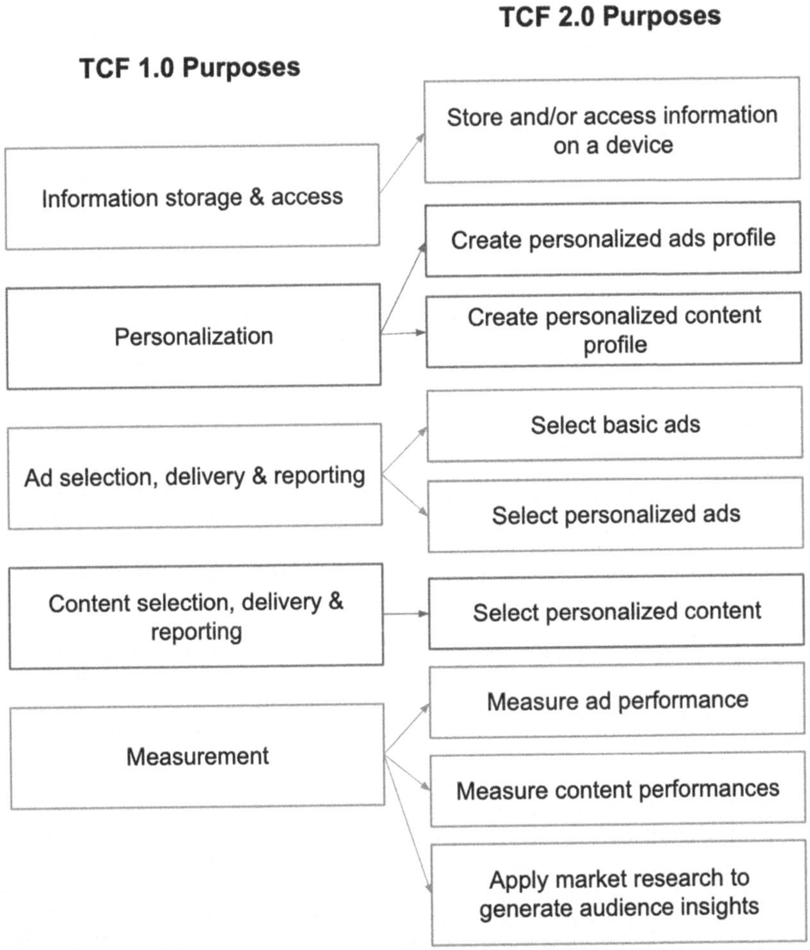

2 Das IAB Transparency & Consent Framework ...

TCF 1.0 Purposes → **TCF 2.0 Purposes**

- Information storage & access
  - Store and/or access information on a device
- Personalization
  - Create personalized ads profile
  - Create personalized content profile
- Ad selection, delivery & reporting
  - Select basic ads
  - Select personalized ads
- Content selection, delivery & reporting
  - Select personalized content
- Measurement
  - Measure ad performance
  - Measure content performances
  - Apply market research to generate audience insights

Abb. 2.2 TCF V1 vs. TCF V2 Purposes (IAB 2020b)

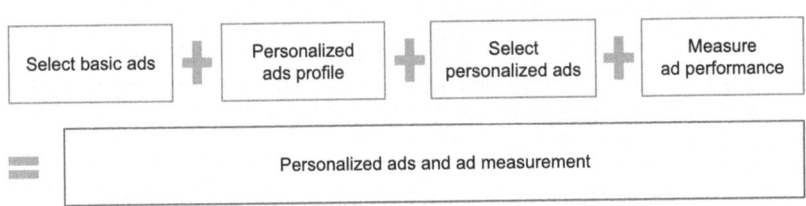

Select basic ads + Personalized ads profile + Select personalized ads + Measure ad performance
= Personalized ads and ad measurement

Abb. 2.3 Beispiel eines Stacks (Stack 8) (IAB 2020b)

2.1.3 Anbieter tragen sich bitte in die Global Vendors List (GVL) ein

Das TCF ist nicht nur dafür da, die Beziehung zwischen Website- bzw. App-Betreibern und Endnutzer:innen zu managen. Die sogenannten Vendoren, die im Hintergrund die Daten verarbeiten und letztendlich dazu führen, dass eine Anzeige ausgespielt wird, sind auch Teil des Ganzen. Technologie-Anbieter können sich beim TCF 2.0 registrieren und werden dann in der Global Vendors List (GVL) geführt: https://iabeurope.eu/vendor-list-tcf-v2-0/. Darüber können Publisher und Werbetreibende einsehen, welche Provider TCF 2.0 offiziell unterstützen. Aktuell (Stand November 2020) sind es fast 600, darunter auch die großen wie Google, Adobe und Criteo. Bei der Registrierung müssen die Vendoren alle Zwecke offenlegen, für die sie eventuell die Daten der Nutzer:innen verarbeiten. Vendoren legen auch ihre eigene Rechtsgrundlage für die Verarbeitung fest. Dabei ist es möglich, dass manche Zwecke auf Basis der Einwilligung und andere auf Basis des berechtigten Interesses stattfinden. Wählt der Vendor die Einwilligung, so bleibt die Verantwortung, diese Einwilligung einzuholen, bei Website- und App-Betreibern.

2.1.4 Was, wenn Vendoren nicht Teil des TCF und der GVL sind?

Es sind zwar zahlreiche relevante Technologie-Anbieter bereits Mitglied des IAB TCF, aber eben nicht alle, wie zum Beispiel Facebook und Twitter (Stand November 2020). Es kann also gut vorkommen, dass auf einer Website oder in einer App sowohl IAB-Vendoren als auch Non-IAB-Vendoren eingesetzt werden. Um eine einheitliche Kommunikation gegenüber den Nutzer:innen zu gewährleisten, hat das TCF auch die Möglichkeit bedacht, Non-IAB-Vendoren in der IAB-zertifizierten CMP darzustellen. Für diesen Fall verlangt die IAB Policy, dass CMPs den **Unterschied deutlich kennzeichnen.** Es muss für die Nutzer:innen erkenntlich sein, welche Vendoren Teil des IAB TCF sind und auf der GVL gelistet sind und welche nicht.[3] Wie das aussehen kann, zeigen wir unten beim Beispiel Tagesspiegel.

Was genau eine CMP erfüllen muss, um TCF 2.0-konform zu sein, führen wir weiter unten im Kapitel *Anforderungen an eine CMP gemäß TCF 2.0* (Abschn. 4.6) auf.

2.1.5 Der Google Consent Mode – Google's Angebot abseits des Frameworks

Für den umgekehrten Fall, dass ein Werbetreibender oder Publisher keine TCF 2.0-konforme CMP implementieren will, stellt Google auch eine neue API „Consent Mode" (noch in der beta Version, Stand Januar 2021), bereit (Google 2021). Darüber kann gesteuert werden, wie sich bestimmte Google-Tags basierend auf dem Zustimmungsstatus der Nutzer:innen verhalten. Nur wenn die Einwilligung vorliegt, werden die entsprechenden Tags dann dynamisch ausgespielt. Die API funktioniert sowohl für Webseiten als auch Apps.

Aus diesem Feature könnte sich langfristig eine eigene Google-CMP entwickeln, was eine tatsächliche Alternative für Webseitenbetreiber wäre, die ausschließlich Google-Tags einsetzen. Ein anderes Szenario könnte sein, dass sich CMP-Anbieter neben der TCF 2.0-konformen CMP auch eine Google-Consent-Mode-konforme CMP bereitstellen, die dann unter Umständen wieder freier individualisierbar ist. Einige CMP-Anbieter haben auf Google reagiert und stellen ihren Kunden eine Kompatibilität mit der API bereit (Usercentrics 2020). Es lässt jedenfalls vermuten, dass das TCF Framework langfristig wohl nicht der einzige Consent Standard bleiben wird.

---

[3]IAB Europe Transparency & Consent Framework Policies, Chapter II: Policies for CMPs, Number 6 Working with Vendors (IAB 2020a).

2.1.6 Ist das TCF 2.0 DSGVO-konform und rechtssicher?

Ja, das ist die 1-Million-Euro-Frage. Die europäischen Aufsichtsbehörden haben dem TCF bisher noch nicht ihren Segen gegeben. Wenn man sich einige bereits ausgesprochene Verwarnungen anschaut, wie z. B. die von CNIL gegen VECTAURY, kann man sich nicht sicher sein, ob TCF 2.0, oder vielmehr programmatische Werbung an sich, als DSGVO-konform abgenickt werden würde. Um Rechtssicherheit zu schaffen, unterzieht sich das IAB nach eigenen Angaben einem offiziellen Zertifizierungsprozess. Damit will es sich einen offiziellen „DSGVO-konform-Stempel" sichern. Dieser Prozess ist langwierig und beinhaltet eine strenge Überprüfung durch verschiedene nationale Aufsichtsbehörden sowie schlussendlich auch durch das Europäische Datenschutzamt selbst. Auf das Ergebnis sind wir alle gespannt. Im schlimmsten Fall sind aller guten Dinge wie immer drei und die Branche freut sich auf ein TCF 3.0. Hipp, hipp, hurra.

2.2 Beispiel eines Userflows in Zeiten von TCF 2.0

Siehe Abb. 2.4

Die Überschrift „Kostenlos weiterlesen - Wir benötigen Ihre Zustimmung" kommt vom Tagesspiegel selbst und ist keine IAB-Vorgabe. Der erste Absatz, der darüber informiert, dass personenbezogene Daten auch von Partnern, also Dritten, verarbeitet werden und dass hierfür Cookies verwendet werden, leitet sich aus den IAB-Policy-Anforderungen an den Initial Layer ab. Auch die Call-to-Actions „OK" und „Einstellungen" ergeben sich aus der IAB Policy. Hier zeigt sich eventuell ein Fenster für Individualisierung: Die Policy sagt eigentlich, dass die zwei primären Call-to-Actions im Initial Layer in der Schriftart, Schriftgröße und im Schriftstil sowie im Mindestkontrastverhältnis von 5 zu 1 übereinstimmen müssen. Obwohl der Hinweis auf „Einstellungen" hier im Text aber eher versteckt ist, scheint das IAB das aber durchgehen zu lassen. Ob das so bleibt, wird sich zeigen. Aus heutiger

Kostenlos weiterlesen
Wir benötigen Ihre Zustimmung

Um Ihnen die redaktionellen und werblichen Inhalte anzuzeigen, die Sie wirklich interessieren, werden von uns und unseren Partnern personenbezogene Daten für die genannten Zwecke mittels Cookies und anderen Technologien verarbeitet.

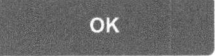

Transparenz ist uns wichtig. Diesen Verarbeitungszwecken stimmen Sie zu:

Store and/or access information on a device ⌄

Personalised ads and content, ad and content measurement, audience insights and product development ⌄

Natürlich geben wir Ihnen auch die Möglichkeit, Ihre Auswahl in den Einstellungen anzupassen und dort auch unsere Partner einzusehen oder Sie können alles ablehnen Sie können Ihre Einstellungen jederzeit unter Datenschutz anpassen.

Abb. 2.4 Initial Layer CMP auf https://www.tagesspiegel.de/ – 25. September 2020

Sicht würden wir von einer solchen Umsetzung im Graubereich allerdings abraten.

Klick auf **Einstellungen** führt zu Secondary Layer (Abb. 2.5): Die einzelnen Kategorien lassen sich über den Pfeil aufklappen, sodass man eine Beschreibung sieht sowie die einzelnen Anbieter, die zu diesem Zweck eingesetzt werden. Mit einem Klick auf den Anbieter gelangt man zu dessen Datenschutzerklärung. Anbieter, die mit einem gelben C gekennzeichnet sind, gehören nicht zum IAB-TCF-Standard (Abb. 2.6).

Der zweite Reiter im Secondary Layer sind „Funktionen" (Abb. 2.7, 2.8, 2.9 und 2.10).

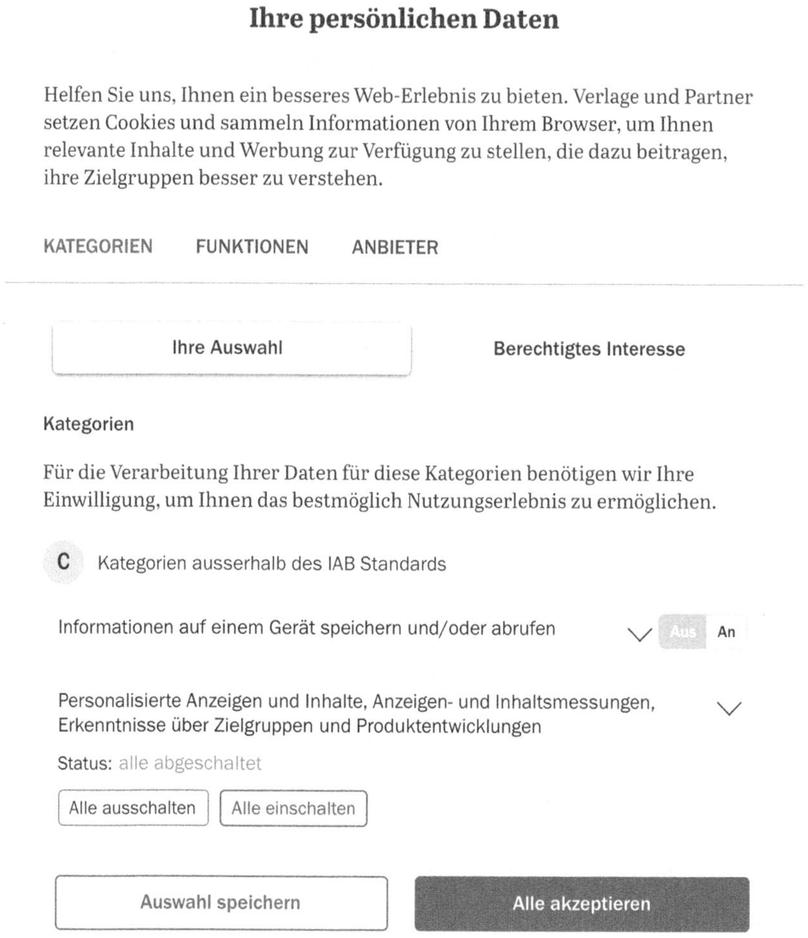

Ihre persönlichen Daten

Helfen Sie uns, Ihnen ein besseres Web-Erlebnis zu bieten. Verlage und Partner setzen Cookies und sammeln Informationen von Ihrem Browser, um Ihnen relevante Inhalte und Werbung zur Verfügung zu stellen, die dazu beitragen, ihre Zielgruppen besser zu verstehen.

KATEGORIEN   FUNKTIONEN   ANBIETER

| Ihre Auswahl | Berechtigtes Interesse |

Kategorien

Für die Verarbeitung Ihrer Daten für diese Kategorien benötigen wir Ihre Einwilligung, um Ihnen das bestmöglich Nutzungserlebnis zu ermöglichen.

C Kategorien ausserhalb des IAB Standards

Informationen auf einem Gerät speichern und/oder abrufen   Aus An

Personalisierte Anzeigen und Inhalte, Anzeigen- und Inhaltsmessungen, Erkenntnisse über Zielgruppen und Produktentwicklungen

Status: alle abgeschaltet

[Alle ausschalten]   [Alle einschalten]

[Auswahl speichern]   **Alle akzeptieren**

Abb. 2.5 Secondary Layer Path „Einstellungen" – Kategorien auf https://www.tagesspiegel.de/ – 25. September 2020

Zu den zahlreichen Vorgaben, die an ein TCF-konformes Banner genau gestellt werden finden Sie eine Übersicht im Kapitel *Anforderungen an eine CMP gemäß TCF 2.0* (Abschn. 4.6) oder direkt in der TCF Policy (IAB Europe Transparency & Consent

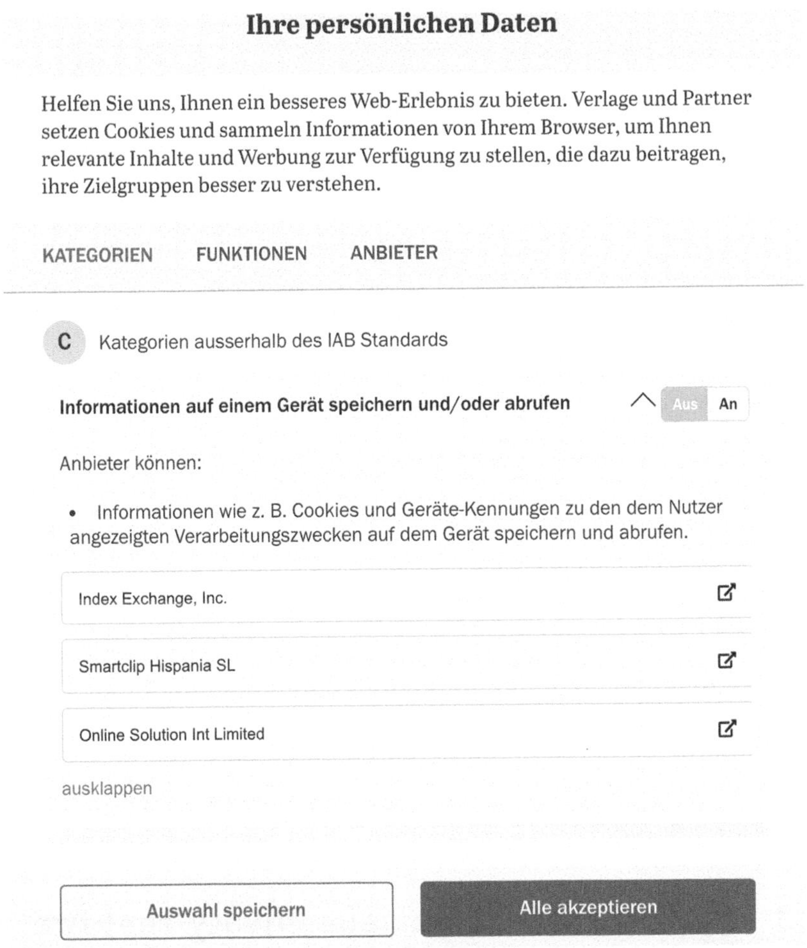

Ihre persönlichen Daten

Helfen Sie uns, Ihnen ein besseres Web-Erlebnis zu bieten. Verlage und Partner setzen Cookies und sammeln Informationen von Ihrem Browser, um Ihnen relevante Inhalte und Werbung zur Verfügung zu stellen, die dazu beitragen, ihre Zielgruppen besser zu verstehen.

KATEGORIEN   FUNKTIONEN   ANBIETER

C Kategorien ausserhalb des IAB Standards

Informationen auf einem Gerät speichern und/oder abrufen Aus | An

Anbieter können:

- Informationen wie z. B. Cookies und Geräte-Kennungen zu den dem Nutzer angezeigten Verarbeitungszwecken auf dem Gerät speichern und abrufen.

Index Exchange, Inc.

Smartclip Hispania SL

Online Solution Int Limited

ausklappen

Auswahl speichern   Alle akzeptieren

Abb. 2.6 Secondary Layer Path „Einstellungen" – Kategorien aufgeklappt auf https://www.tagesspiegel.de/ – 25. September 2020

Framework Policies). Die CMPs bieten aber ohnehin Templates für die TCF 2.0-konformen Banner an, sodass Sie diese eigentlich nur richtig anpassen müssen.

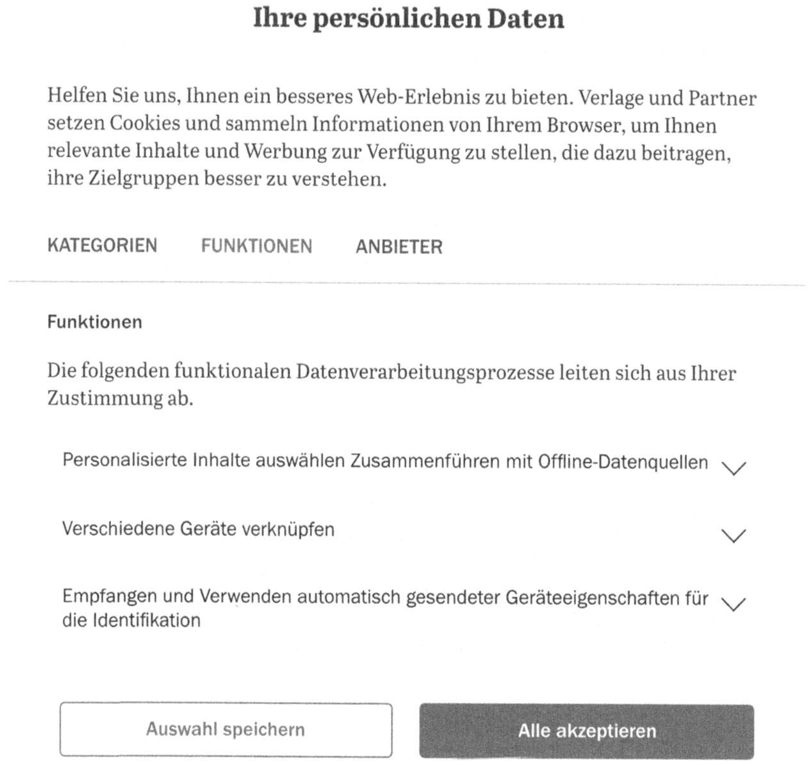

Ihre persönlichen Daten

Helfen Sie uns, Ihnen ein besseres Web-Erlebnis zu bieten. Verlage und Partner setzen Cookies und sammeln Informationen von Ihrem Browser, um Ihnen relevante Inhalte und Werbung zur Verfügung zu stellen, die dazu beitragen, ihre Zielgruppen besser zu verstehen.

KATEGORIEN   FUNKTIONEN   ANBIETER

Funktionen

Die folgenden funktionalen Datenverarbeitungsprozesse leiten sich aus Ihrer Zustimmung ab.

Personalisierte Inhalte auswählen Zusammenführen mit Offline-Datenquellen ⌄

Verschiedene Geräte verknüpfen ⌄

Empfangen und Verwenden automatisch gesendeter Geräteeigenschaften für die Identifikation ⌄

Auswahl speichern   Alle akzeptieren

Abb. 2.7 Secondary Layer Path „Funktionen" auf https://www.tagesspiegel.de/ – 25. September 2020

2.3 Fazit TCF 2.0 – Eine neue Privacy-First-Ära im Marketing?

Nachdem der Übergang zum TCF 2.0 nun abgeschlossen ist, sind einige optimistisch, dass damit eine neue Ära in der Werbelandschaft eingeläutet wurde.

Langfristig muss die Branche sich darauf einstellen, dass sie keine flächendeckenden Einwilligungen für ihre Zwecke bekommt, sondern nur ein Teil der Nutzer:innen bereit sein wird, Die relevanten Anbieter

2 Das IAB Transparency & Consent Framework ...

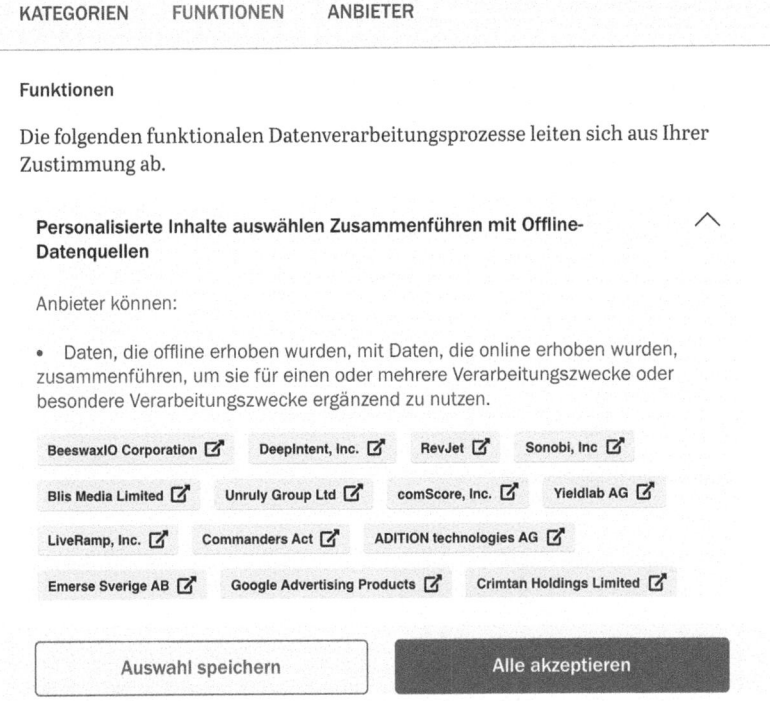

Abb. 2.8 Secondary Layer Path „Funktionen" aufgeklappt auf https://www.tagesspiegel.de/ – 25. September 2020

Ihr Transfer in die Praxis

- Sorgen Sie in Ihrer Online-Marketing-Abteilung für ein tiefgreifendes Verständnis der Absichten von TCF 2.0 und den Anforderungen, die daraus resultieren.

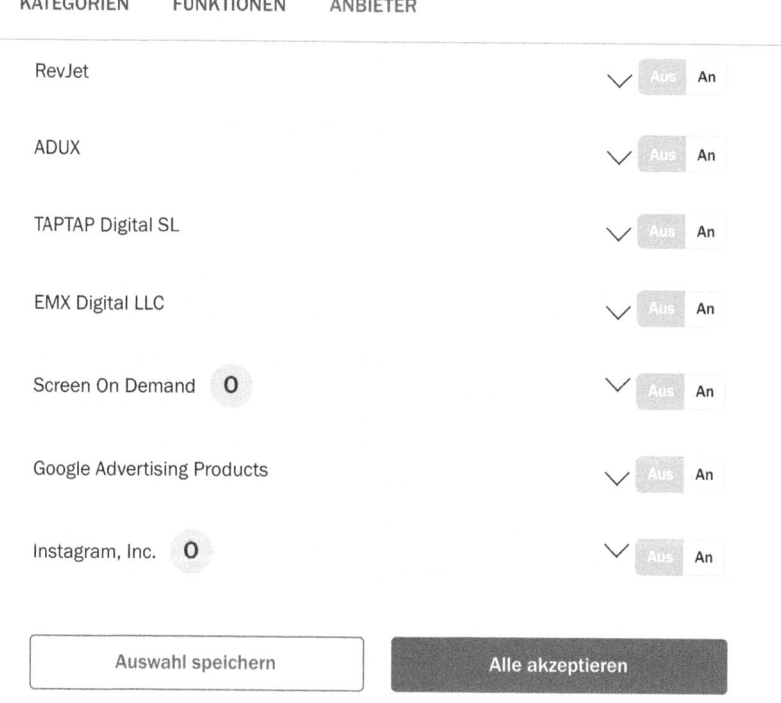

Abb. 2.9 Secondary Layer Path „Anbieter" auf https://www.tagesspiegel.de/ – 25. September 2020

- Stimmen Sie mit Ihrer Online-Marketing-Abteilung ab, ob Sie Technologien von Anbietern verwenden, die die Einhaltung des TCF 2.0-Standards erforderlich machen.
- Kommunizieren Sie die Hintergründe von TCF 2.0 an alle Stakeholder und erklären Sie, welche Bedeutung der Standard für die Performance von und den Umsatz aus programmatischer Werbung hat.

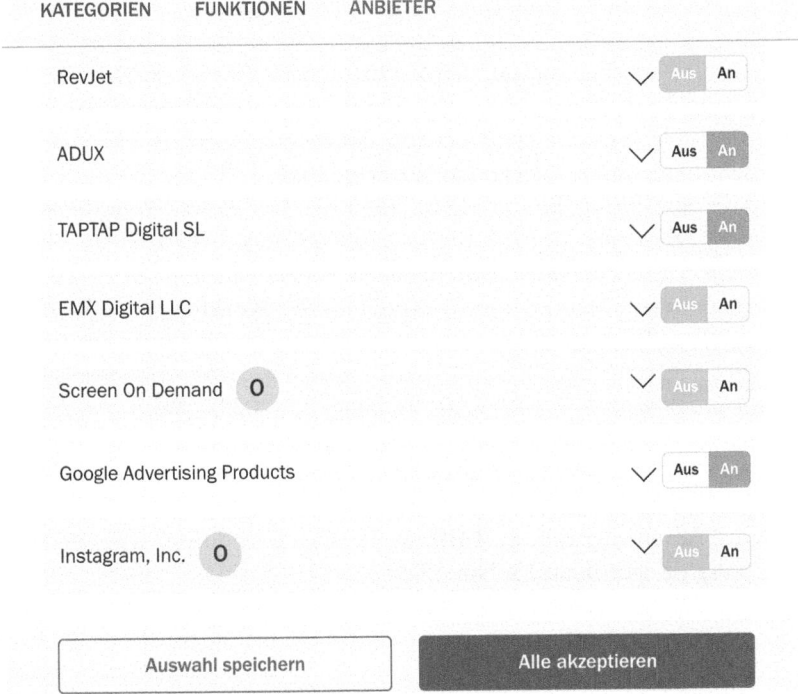

Abb. 2.10 Secondary Layer Path „Anbieter" aktiviert auf https://www.tagesspiegel.de/ – 25. September 2020

Literatur

Google. (2021). Consent mode (beta). https://support.google.com/analytics/answer/9976101?hl=en. Zugegriffen 8. Jan. 2021.

Hercher, J. (03. Mai 2018). Google's GDPR Consent Tool Will Limit Publishers To 12 Ad Tech Vendors. *AdExchanger.* https://www.adexchanger.

com/online-advertising/googles-gdpr-consent-tool-will-limit-publishers-to-12-ad-tech-vendors/. Zugegriffen: 20. Sept. 2020.

Interactive Advertising Bureau. Tech Lab. (2019). *GDPR Transparency and Consent Framework.* https://iabtechlab.com/standards/gdpr-transparency-and-consent-framework/. Zugegriffen: 15. Nov. 2020.

Interactive Advertising Bureau (IAB). (2018). *IAB Europe's Transparency and Consent Framework - Deep Dive on the Technical Specification* (07.03.2018). https://www.youtube.com/watch?v=wP93HO88cgw. Zugegriffen: 15. Nov. 2020.

Interactive Advertising Bureau (IAB). (2019). *IAB Europe & IAB Tech Lab release updated Transparency & Consent Framework.* https://iabeurope.eu/press-releases/iab-europe-iab-tech-lab-release-updated-transparency-consent-framework/. Zugegriffen: 20. Sept. 2020.

Interactive Advertising Bureau (IAB). (2020a). *IAB Europe Transparency & Consent Framework Policies. Version 2020-08-24-3-2. Chapter II: Policies for CMPs. 6. Working with Vendors.* https://iabeurope.eu/iab-europe-transparency-consent-framework-policies/#6_Working_with_Vendors. Zugegriffen: 15. Nov. 2020.

Interactive Advertising Bureau (IAB). (2020b). *The Transparency & Consent Framework (TCF) v2.0. Training 8. (2020). Ready for launch? The final Countdown to switch over.* https://iabeurope.eu/wp-content/uploads/2020/03/Training-8_-Ready-for-Launch_-1.pdf. Zugegriffen: 20. Sept. 2020.

Interactive Advertising Bureau (IAB). (o. J.). *Our Story.* https://www.iab.com/our-story/. Zugegriffen: 15. Nov. 2020.

Quantcast. (2020). *Simplify Consent & Compliance Management.* https://www.quantcast.com/gdpr/consent-management-solution/. Zugegriffen: 22. Sept. 2020.

Tagesspiegel. (o. J.). (Screenshots von der Webseite). https://www.tagesspiegel.de. Zugegriffen am 25. Sept. 2020.

Usercentrics. (2020). *Usercentrics supports Google Consent Mode.* https://usercentrics.com/knowledge-hub/usercentrics-supports-google-consent-mode/. Zugegriffen 8. Jan. 2021.

3

Datenschutz und Programmatic Advertising (Gastbeitrag von Stefanie Scognamiglio)

Zusammenfassung

Was Sie aus diesem Kapitel mitnehmen

- Wie Unternehmen im Bereich Programmatic mit der DSGVO und dem Consent-Erfordernis umgehen
- Warum ein strengerer Approach im Partner Management nötig ist
- Wie kanalübergreifendes Marketing neu gedacht werden kann – ohne Cookies!
- Welche Ansätze es gibt, Technologien ohne Cookies zu entwickeln

Die Einführung der DSGVO und anstehende weitere regulatorische Verschärfungen im Datenschutz haben große Auswirkungen auf den wachsenden Bereich des Programmatic Advertising. Eine Branche, die in der Vergangenheit viel experimentiert hat, um aus Nutzer:innenaufmerksamkeit im Netz Profite zu generieren, sieht sich zunehmend mit rechtlichen Fragestellungen konfrontiert und limitiert. Angesichts der drohenden hohen Strafen kann die DSGVO mittelfristig eine entsprechende Wirksamkeit entfalten. Dies wird selbstverständlich nicht das Ende des Internets bedeuten, sondern kann einen wichtigen Beitrag leisten, um nachhaltigere Angebote mit größerer Nutzer:innenakzeptanz zu etablieren.

Betroffene Unternehmen setzen zunehmend auf:

- Partnermanagement: striktere Auswahl und Kontrolle, um auch nachgelagerte Haftungsrisiken zu minimieren
- Diversifikation: Entwicklung von Strategien für Opt-in & Opt-out, um rentable Optionen für alle Internetnutzer:innen zu etablieren
- Nachhaltigkeit: Anpassungen und Lösungen denken auch zukünftige Veränderungen mit, um die Fortführung der Geschäftsaktivitäten zu sichern.

Im Partnermanagement werden für die Erstellung der DSGVO-relevanten Unterlagen oft sinnvolle und notwendige Prozesse angestoßen, um die internen und externen Datenströme zunächst einmal sichtbar zu machen. Dabei kommen regelmäßig Vermächtnisse ausgelaufener Partnerschaften und Tests zum Vorschein, z. B. wenn Pixel von Drittanbietern für spezifische Zielsetzungen eingebaut wurden, dann aber nicht mehr entfernt werden, wenn diese Zusammenarbeit ausgelaufen ist. Insgesamt lässt sich ein bewussterer Umgang im Partnermanagement beobachten: Wo manche Dienstleister mehrere 100 Partner in ihren Verwertungsketten einsetzen, haben sich andere auf unter zehn beschränkt. Eine richtige Anzahl gibt es natürlich nicht, trotzdem sollte individuell geprüft werden, welche Partner im Einsatz sind, wie diese mit dem Thema Datenschutz umgehen und wo sich Risiken minimieren lassen.

Weiterhin gilt es, neue Lösungen zu entwickeln. Neben der Weiterführung von Cookie-basierten Targetings und Effektivitätsmessungen eröffnen sich Möglichkeiten, auch ohne Cookies effektive Marketingkampagnen auszusteuern. Dies scheint auf den ersten Blick weniger attraktiv, da es eine Einschränkung der bisherigen Möglichkeiten ist. Aber in dieser Einschränkung liegt auch großes Potenzial: Da zunehmend weitere klassische Marketingkanäle wie Out-of-Home,

TV und Radio programmatisch bespielt werden, gibt es mittlerweile viele digitale Werbebudgets, die ohne Cookies und ohne granulare Erfolgsmessung auskommen. Gemeinsam mit diesen neuen digitalen Formaten kann kanalübergreifendes Marketing neu gedacht werden. Es gibt nicht nur die Variante möglichst vollkommener Information, sondern auch eine mit dem kleinsten gemeinsamen Nenner an Targeting- und Messdaten. So kann eine bessere Vergleichbarkeit dieser Kanäle erreicht werden und Komplexität dank simplerer Kennzahlen abgebaut werden. Bisher hat jeder Kanal eigene Bewertungslogiken, dies führt theoretisch zu mehr Kontrolle. In der Praxis bedeutet es oft Verwirrung und erschwert die Arbeit der Mediaplaner, wenn es gilt, zwischen verschiedenen Optionen abzuwägen – ausgelöst durch hypergenaue Digital-Kennzahlen mit Wirksamkeitsstudien, bei denen sich Störfaktoren nur bedingt reduzieren und herausrechnen lassen.

Der steigende Anteil an Nutzer:innen ohne Cookies und die zunehmende Digitalisierung von weiteren Kanälen schaffen ein günstiges Investitionsklima, um neue Ansätze zu testen und zu entwickeln. Das zeigt sich beispielsweise im Wiederaufleben von semantischen Targetings und bei neuen Tools zur Zielgruppenbestimmung und -verlängerung, bei denen letztendlich nicht Nutzer:innensegmente, sondern Umfelder angesteuert werden.

Unternehmen stehen, im Angesicht großer Unsicherheiten, vor herausfordernden Anpassungen. Es ist nicht möglich, abzuwarten, da neue Anforderungen Schritt für Schritt in Kraft treten und offene Fragen über die Rechtswege Fall für Fall geklärt werden. Ebenso wenig ist es möglich, durch ein einmaliges „Projekt DSGVO" die Anforderungen dauerhaft zu erfüllen. Stattdessen erfordert die Situation ein Umdenken bei Unternehmen, sodass sie das eigene Handeln am aktuellen Rechtsstand ausrichten, aber auch zukunftssicher machen. Eine nachhaltige Strategie antizipiert anstehende Veränderungen, damit Investitionen und Planungszyklen nicht kurzfristig umgeworfen werden müssen. Gerade durch Zeitdruck riskieren Unternehmen sonst, notwendige Veränderungen nicht mehr anstoßen zu können oder eingeschränkte Handlungsoptionen zu haben.

Der richtige Einsatz von CMPs ist ein wichtiger Baustein, um die Anforderungen im Datenschutz anzugehen. Doch eine technische Lösung allein ist nicht ausreichend – Es bedarf interdisziplinärer Zusammenarbeit, um rechtliche, technische und auch kommerzielle Perspektiven abzuwägen. Statt nur den verlorenen Freiheiten nachzutrauern, lohnt es sich dabei, auf die Chancen und die eigenen Stärken zu schauen, um die eigenen Angebote stetig zu verbessern und auszubauen, sowohl für die eigenen Kund:innen wie auch für die Internetnutzer:innen.

4

Consent Management Platforms (CMPs) – die neue Software-Kategorie

Zusammenfassung

Was Sie aus diesem Kapitel mitnehmen

- Was eine CMP ist und welche Funktionen sie haben sollte
- Welche Kriterien bei der Auswahl eines CMP-Anbieters beachtet werden sollten
- Was eine CMP erfüllen sollte, um IAB-zertifiziert und TCF 2.0-konform zu sein
- Welche relevanten CMP-Anbieter es gibt
- Wie eine implementierte CMP auf einer Webseite aussehen kann

4.1 Was ist eine CMP?

Das Kürzel CMP hat sich seit Inkrafttreten der DSGVO als neue Software-Kategorie neben CMS, CRM, CDP etc. recht gut eingelebt. Es schwirren noch einige alternative Begrifflichkeiten umher, die im Endeffekt aber alle dasselbe meinen: *Consent Manager, Consent Management*

Provider, Consent Tool, Cookie Tool, Cookie Consent Manager, Consent Management Solution, Consent Management System oder sogar *einwilligungsbasiertes Cookie- und Trackingsystem.* Der Einheitlichkeit halber und da „Consent Management Platform (CMP)" durch das TCF weitestgehend etabliert wurde, bleiben wir hier ebenfalls bei diesem Begriff. Das **IAB definiert eine CMP** wie folgt (IAB 2020b, S. 6):

Definition CMP (nach IAB)

„Transparency and Consent Management Platform"/„Consent Management Platform" oder *„CMP"* bezeichnet das Unternehmen oder die Organisation, das/die die Transparenz für [die] und die Einwilligung und Widerrufe der Endnutzer:innen zentralisiert und verwaltet.

Die CMP kann den Status der Rechtsgrundlage der Vendoren auf der GVL lesen und aktualisieren und fungiert als Vermittlerin zwischen einem Publisher, den Endnutzer:innen und den Vendoren, um
- für Transparenz zu sorgen,
- den Vendoren und Publishern zu helfen, Rechtsgrundlagen für die Verarbeitung zu schaffen,
- die Einwilligung der Nutzer:innen bei Bedarf einzuholen und
- Opt-outs der Nutzer:innen zu verwalten und
- dem Ökosystem die Rechtsgrundlage, den Status der Einwilligung und/oder Opt-outs mitzuteilen.

Im Wesentlichen erfüllt eine CMP vier Kernfunktionalitäten:

1. **Information** über Zwecke und Details zur Datenverarbeitung
2. **Erfassen und Verwalten** der Datenschutz-Präferenzen (Opt-ins und Opt-outs) der Nutzer:innen
3. Übersetzung dieser Präferenzen in **programmatische Signale** (z. B. TC String) und Weitergabe der programmatischen Präferenzen an Dritte
4. **Audit Trail:** Dokumentation der Präferenzen, sodass der oder die Verantwortliche die Einwilligung effektiv nachweisen kann (Abb. 4.1)

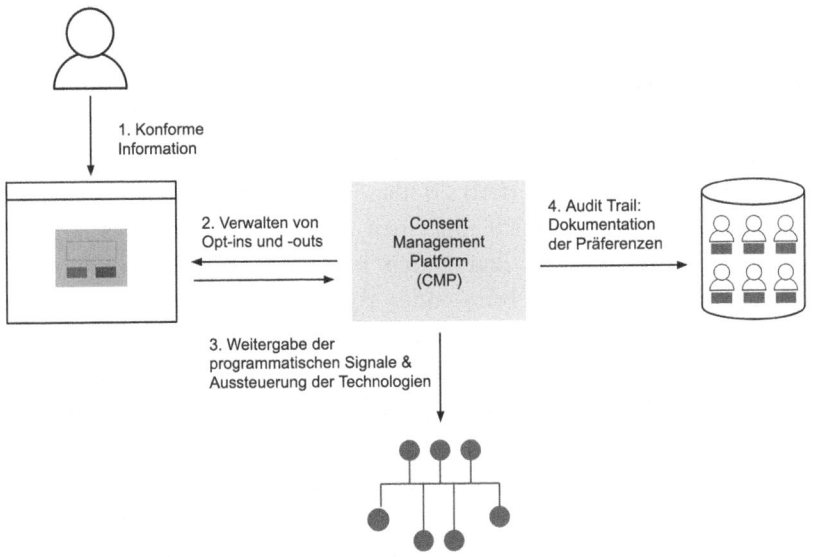

Abb. 4.1 Consent Management Platform (CMP)

4.2 Ist eine CMP Processor im Sinne des Art. 28 DSGVO?

Die DSGVO unterscheidet zwischen Verantwortlichem (eng. Controller) und Verarbeiter (eng. Processor). Der Website- oder App-Betreiber ist in dem Fall Controller. Stellt sich nur die Frage, ob die CMP ein Mitverantwortlicher (eng. Co-Controller/Joint Controller) ist oder nur ein Processor. Das ist wichtig, denn im Falle eines Verstoßes ist der Controller auch Adressat einer Anordnung der Aufsichtsbehörden und haftet. Um verantwortlich zu sein, müsste die CMP maßgeblich mitbestimmen, wie die personenbezogenen Daten der Betroffenen verarbeitet werden. Schaut man sich die Kernfunktionalitäten *Information, Verwaltung, Signaling* und *Audit Trail* einer CMP an, gibt es eigentlich wenig Raum, hier eine Mitverantwortlichkeit zu sehen. Erstens entscheidet die CMP nicht darüber, wie die Daten verarbeitet werden, da die CMP im Zweifel nichts mit den Daten macht, außer sie für den

Audit Trail abzulegen. Auch das Signaling im Rahmen des TCF wird nicht durch die CMP erdacht, sondern der Verantwortliche möchte gerade eine CMP einsetzen, die in der Logik des TCF die Präferenzen seiner Nutzer:innen programmatisch kodifiziert. Das zeigt sich insbesondere in der Wortwahl der IAB TCF V2.0 Policy („*A CMP may be instructed by its Publisher*" (IAB 2020c, S. 10)) . Ein weiterer Grund ist, dass die CMP, sofern es sich um einen reinen CMP-Anbieter handelt, kein eigenes Interesse an den Daten hat. Sie will lediglich ihr Software-Produkt an den Website- oder App-Betreiber verkaufen, sodass keine anderweitigen Zwecke vorliegen.[1] Folglich erfüllt die CMP alle Funktionen im Auftrag des Controllers, weshalb Sie in jedem Fall eine Auftragsverarbeitungsvereinbarung (AVV) mit Ihrem CMP-Anbieter schließen sollten.[2]

4.3 CMP – Make or Buy?

Das IAB TCF unterscheidet zwischen privaten CMPs, also selber gebauten Inhouse-Lösungen, und kommerziellen CMPs, die Sie von einem Anbieter kaufen können:

> *„Eine CMP ist die Partei, die – in der Regel im Namen des Publishers – die Benutzeroberfläche für einen Nutzer darstellt, wobei dies auch eine andere Partei sein kann. CMPs können privat oder kommerziell sein. Eine private CMP ist ein Publisher, der seine eigene CMP für seine eigenen Zwecke implementiert. Eine kommerzielle CMP bietet anderen Dritten CMP-Dienste an."* (IAB 2020b, S. 6 f.).

---

[1] So argumentieren die Autoren *Benedikt*, *Buckel* und *Mammen* (ehem. Mitarbeiter diverser Aufsichtsbehörden) in ihrem Werk „Web-Tracking nach DSGVO" in Bezug auf die Einordnung von Tracking-Anbietern. So nehmen sie an, dass bspw. Webtrekk, Matomo und eTracker Verarbeiter sind, da sie nur am Verkauf ihres Produkts interessiert sind, während das kostenlose Tool Google Analytics zwangsläufig dazu führt, dass die Daten auch gezielt webseitenübergreifend für Googles eigene Interessen genutzt würden (Benedikt et al. 2019).

[2] ***Disclaimer**:* Dies ist die rechtliche Meinung der Autorinnen, die Sie in jedem Fall mit Ihrem Rechtsbeistand abklären sollten.

Bei der Frage, ob es sich lohnt, eine CMP selbst zu bauen, kommt es sehr darauf an, wie viel Ressourcen Sie einsetzen möchten und wie viel Haftung Sie bereit sind, zu riskieren. Bei der Überlegung kann man sich den Konzern Axel Springer anschauen. Der hatte eine eigene Open-Source-CMP für TCF 1.0/1.1 entwickelt: „Opt-in and Transparency Layer", kurz OIL.js. Als das IAB dann TCF 2.0 bekannt gab, stellte Axel Springer die Entwicklung ein.[3] (Zu den Anforderungen an eine TCF 2.0-konforme CMP siehe in den nächsten Unterkapiteln). Stattdessen setzt auch Axel Springer mittlerweile auf einen professionellen CMP-Anbieter.[4] Wenn also eine der größten Verlagsgruppen mit 3,11 Mrd EUR Umsatz im Jahr 2019 (Hein 2020), die einen enormen Bedarf für eine individualisierte CMP hat sowie monetär abhängig von Einwilligungen und programmatischer Werbung ist keinen Sinn darin sieht, eine CMP selbst zu betreiben und diese lieber einkauft, sollte das die Frage für die allermeisten Fälle beantworten. Laut IAB sind aktuell 36 private CMPs für TCF 2.0 registriert, darunter die von eBay, 1&1 und Verizon (IAB o. J.).

4.4 Checkliste für die Auswahl einer CMP

Not all CMPs are created equal, könnte man sagen. Und doch sind sie natürlich alle ähnlich. Da CMPs aber noch ganz am Anfang stehen, gibt es durchaus unterschiedliche Ansätze und Fortschrittsgrade in der Feature- und Funktionspalette bei den Anbietern. Es lohnt sich daher, dass Sie sich vor Ihrer Entscheidung die Antworten auf folgende Fragen bewusst machen:

---

[3]Hinweis auf der Github-Seite: „*We very much regret that we, the previous OIL development team, are no longer able to support the OIL project with immediate effect. It will not be developed any further by us and we will not provide any bugfixes or security patches from now on. As an open source project it will remain available. For this reason OIL.js is no longer a registered CMP and does not support TCF v2.0. If you want to continue using OIL or develop it further, please register yourself at IAB.*", (GitHub.com [OIL.js] 2020). https://github.com/as-ideas/oil. Zugegriffen: 20. September 2020.

[4]Siehe z. B. auf bild.de ist die Privacy Wall des CMP-Anbieters Sourcepoint eingebettet (20. September 2020).

1. Was kann eine CMP leisten?
2. Was brauche ich von einer CMP für mein Business? Was ist mir wichtig?
3. Welcher Anbieter kann das erfüllen?

Die folgenden Punkte dienen Ihnen als Orientierungshilfe bei der Einschätzung, was Sie von einer CMP erwarten können:

1. **CI/Design individualisieren:** Je weniger die CMP nach einem störenden Fremdkörper aussieht, desto höher ist die Opt-in-Rate, also die Einwilligungsrate. Daher sollte das Design individualisierbar sein. Dazu gehört zum Beispiel, dass Sie das eigene Logo sowie die Schriften und Farben Ihrer CI (= Corporate Identity) integrieren können.
2. **Rechtsgrundlage individualisieren:** Nur weil es Consent Management Platform heißt, sollte der Consent nicht die einzige mögliche Rechtsgrundlage sein. Auch „berechtigtes Interesse" oder „Vertrag" sollten hinterlegt werden können, denn die Verantwortung für die Entscheidung trägt immer der Controller. In Frankreich erlaubt die Behörde beispielsweise, A/B-Testing auf Basis des berechtigten Interesses auszuspielen.
3. **Wording:** Dazu gehört, dass Sie die Texte der Privacy Wall oder des Banners anpassen können und beispielsweise darüber entscheiden können, ob Sie Ihre Nutzer:innen duzen oder siezen möchten.
4. **Plugins, Videos etc.:** Die CMP sollte nicht nur Cookies unterstützen, sondern auch sämtliche Technologien wie Videos, Social Feeds, Social Buttons etc.
5. **Berücksichtigung verschiedener Märkte und Rechtsrahmen:** Die Ausspielung verschiedener Konfigurationen und Sprachen abhängig vom Herkunftsland der User:innen sollte gewährleistet sein.
6. **Vendoren:** Die Anbindung an die nachgelagerten branchenüblichen Technologien sollte effizient möglich sein. Idealerweise gibt es eine Datenbank von unterstützten Technologien, aus der man den Vendor einfach per Klick hinzufügen kann, und gleichzeitig die Möglichkeit, individuelle Technologien hinzuzufügen.
7. **Rollen-Management:** Die jeweiligen Berechtigungen im Tool sollten individuell eingestellt werden können. Die Rechtsabteilung

könnte dann beispielsweise andere Befugnisse bekommen als die Marketingabteilung, wenn es etwa um das Hinzufügen neuer Technologien geht.
8. **Support:** Im Zweifel möchten Sie die Möglichkeit haben, einen Anbieter einfach mal anzurufen. Damit Ihnen geholfen wird, brauchen Sie einen persönlichen Key Account Manager, was vor allem für die Zeit der Inbetriebnahme und des Onboardings sehr sinnvoll und zu empfehlen ist.
9. **IAB-Zertifizierung und Unterstützung von TCF 2.0:** Eine CMP, die das nicht leistet, ist nicht zukunftsfähig und schafft sich in kürzester Zeit selber wieder ab, da alle großen AdTech-Anbieter, inklusive Google, darauf setzen.
10. **A/B-Testing:** Da Sie nicht vorhersagen können, welches Wording, welche Farbkombination etc. zur höchsten Opt-in-Rate führt, hilft Ihnen eine A/B-Testing-Funktionalität bei der Optimierung.
11. **Mobile SDK:** Die meisten CMP-Anbieter haben eine Lösung für Websites, doch wenige bieten auch ein Mobile SDK, um die CMP in Apps zu verbauen. Das sollte vorher getestet werden und es sollten auch alle Tech-Specifications vorher geprüft werden, um sicherzugehen, dass das SDK mit der eigenen App kompatibel ist.
12. **Globale Regulierungen:** Die Unterstützung verschiedener globaler Gesetzesrahmen, z. B. CCPA, und die Möglichkeit, den dortigen Opt-out „Do Not Sell" (DNS)-Button zu implementieren sowie die entsprechenden DNS-Signale zu verarbeiten (siehe Kapitel zu CCPA Abschn. 1.5.3), sollte gegeben sein.
13. **Monitoring:** Da sich immer mal wieder etwas ändern kann, sollte die CMP regelmäßige Scans vornehmen, damit Sie sofort mitbekommen, wenn eine neue Technologie eingebaut und noch nicht in den CMP-Flow integriert wurde.
14. **Audit Trail:** Die Einwilligungen müssen so dokumentiert werden, dass ein Entlastungsbeweis wirklich möglich ist. Lassen Sie sich von dem CMP-Anbieter genau zeigen, ob auch die Umstände der Einwilligung daraus hervorgehen. Zum Beispiel sollte ersichtlich sein, ob es einen „Ablehnen-Button" gab und wenn ja, wie genau das Wording lautete.

Im Kapitel zur „Implementierung einer CMP" Kap. 5 geben wir Ihnen Best Practices an die Hand, wie Sie eine CMP-Ausschreibung strukturieren können. Diese Hinweise werden Ihnen helfen, die Anforderungen zu präzisieren, egal ob Sie die Ausschreibung nur für interne Zwecke aufsetzen oder ein offizielles RFI/RFP erstellen.

4.5 Einsatz einer CMP – kein Automatismus für Strafbefreiung

Eine CMP kann Ihnen helfen, datenschutzrechtlich sicher aufgestellt zu sein. Der bloße Einsatz einer CMP verhindert Strafen jedoch nicht automatisch. Man kann die CMP einbauen, alle Technologien auf berechtigtes Interesse setzen, der Informationspflicht nachkommen und die Möglichkeit zum Opt-out bereitstellen. Aber: Wenn die Rechtsgrundlage dann bei einer Überprüfung der Behörden nicht standhält, befindet man sich trotzdem im Breach, also der Rechtsverletzung. Selbiges kann gelten, wenn man keinen Ablehnen-Button einbaut und die Behörden und Gerichte zukünftig einhellig der Meinung sind, dass es nur dann eine freiwillige Einwilligung darstellt, wenn der Ablehnen-Button genauso prominent wie der Annehmen-Button platziert ist. Dann hat man zwar eine CMP implementiert, ist aber trotzdem nicht konform. Deswegen ist es wichtig, zu verstehen, dass eine CMP vor Strafe nur dann schützt, wenn sie auch konform eingestellt ist.

> Wann braucht man keine CMP? Wenn Sie nur technisch notwendige Cookies verwenden, reicht ein Hinweis in der Datenschutzerklärung, dass Sie Cookies einsetzen (Schwenke 2020).

4.6 Anforderungen an eine CMP gemäß TCF 2.0

Der TCF 2.0-Standard gibt CMPs genaue Vorgaben, die weniger Individualisierung zulassen. Darüber stöhnen viele Website-Betreiber, denn sie fürchten einen Einsturz ihrer Opt-in-Raten wegen eines sehr präsenten und weniger ansprechenden Opt-in-Banners. Das ist individuell zwar verständlich, doch es ist auch wichtig, eine Vergleichbarkeit und objektive Beurteilung von Einwilligungen zu ermöglichen. Das ist schließlich der Sinn eines Industriestandards und nur wenn die Umstände, wie und wozu die Einwilligung gegeben wurde, ganz klar definiert und nachvollziehbar sind, lässt sich eine Einwilligung als solche kodifizieren und dann durch die programmatische Kette durchreichen.

Insofern hilft es nichts, sich über TCF 2.0 aufzuregen. Man muss das Beste daraus machen und das Banner möglichst nutzer:innen-freundlich und design-technisch ansprechend gestalten, beziehungsweise einen CMP-Anbieter auswählen, der das für Sie bestmöglich umsetzt.

Der TCF-Kriterienkatalog für CMPs ist 69 Seiten lang und eine Zertifizierung durchzuführen, dauert für einen CMP-Anbieter oft mehrere Monate. Das ist ein weiterer Grund, warum eine **Inhouse-Lösung an diesem Punkt nicht mehr sinnvoll** ist. Es folgt eine Übersicht der wichtigsten Grundsätze von TCF 2.0 für die Konfiguration einer CMP. Wichtig: Diese Vorgaben sind indiskutabel und können **nicht** mit dem CMP-Anbieter verhandelt werden, sofern man den TCF 2.0-Standard erfüllen möchte!

- **Wording:** Die CMP muss die exakten TCF 2.0 Bezeichnungen für Purposes, Features, Special Features und Definitionen abbilden.
- **Übersetzungen:** Die CMP muss die offiziellen Übersetzungen für nicht-englische Bezeichnungen der Purposes, Features, etc. übernehmen.
- **Informationen zu Vendoren:** Die CMP darf keine weitergehenden, eigens recherchierten Informationen pro Vendor angeben, sondern lediglich die Informationen, die der Vendor gemäß GVL übermittelt hat.
- **Non-IAB Vendoren:** Die CMP darf Vendoren, die nicht Teil der GVL sind in die UI integrieren, sofern deutlich gemacht wird, dass diese nicht zum TCF gehören und auch nicht unter dessen Rahmenbedingungen fallen. Die Unterscheidung muss klar und deutlich erkennbar sein.

- **Optionen für Nutzer:innen:** Die CMP muss die Nutzer:innen transparent darüber informieren, dass sie dem Einsatz von Technologien, die der Websitebetreiber zu Special Purposes einsetzt, nicht widersprechen können. Gemeint sind etwa Datenverarbeitungen zum Zwecke der Sicherheit, Betrugsprävention oder Debugging.
- **Getrennte Banner-Darstellung:** Die Einwilligungserklärung muss prominent über ein Banner oder Modal getrennt von anderen Informationen wie AGB oder Datenschutzerklärung abgebildet werden.
- **Layer Approach:** Die CMP soll sich Layern (deutsch Schichten) bedienen, um die Nutzer:innen in einem Initial Layer mit essentiellen Informationen zu versorgen, die dann in weiteren aufklappbaren Layern vertieft werden.
- **Layer 1:** Im Initial Layer muss die CMP eine Mindestangabe von bestimmten Informationen bereitstellen, unter anderem:

    – Info, dass Daten auf dem Device der Nutzerin gespeichert und/oder von diesem Gerät aus zugänglich sind (z. B. Cookies oder Geräte-IDs) (IAB 2020d C. b. i.);
    – Info, dass personenbezogene Daten und welche Kategorien verarbeitet werden (IAB 2020d C. b. ii.);
    – Info, dass auch Drittanbieter Informationen über das Device der Nutzerin speichern und/oder darauf zugreifen und ihre persönlichen Daten verarbeiten sowie einen Link zur Liste der genannten Drittanbieter (IAB 2020d C. b. iii.);
    – Aufzählung der Purposes im exakten IAB Wording (IAB 2020d C. b. iv.);
    – Info über die Special Features, die von Vendoren eingesetzt werden (IAB 2020d C. b. v.);
    – Info über die (potenziellen) Konsequenzen einer Einwilligung (IAB 2020d C. b. vi.);
    – Info über den Umfang der Einwilligung, also z. B., ob es sich um eine spezifische oder gruppierte Einwilligungserklärung handelt (IAB 2020d C. b. vii.);
    – Info, dass die Nutzerin ihre Einwilligung jederzeit widerrufen kann und Anleitung wie sie das über das UI der CMP machen kann (IAB 2020d C. b. viii.);

- Info, dass manche Vendoren auf Basis des berechtigten Interesses Daten verarbeiten und dass es dazu ein Recht auf Widerspruch gibt sowie eine Anleitung, wie die Nutzerin mehr Informationen hierzu bekommt (IAB 2020d C. b. ix.);
- Call-to-Action, um Einwilligung abzugeben (z. B. „Akzeptieren") (IAB 2020d C. b. x.);
- Call-to-Action, um Auswahl anzupassen (z.B. „Erweiterte Einstellungen") (IAB 2020d C. b. xi.).

- **Layer 2:** Im Secondary Layer muss die CMP laut TCF Policy folgende Informationen abbilden:
  - eine Liste der eingesetzten Technologie-Anbieter, ihre (Special) Purposes und (Special) Features, die zugehörigen Rechtsgrundlagen und einen Link zur Datenschutzerklärung jedes Anbieters, dessen maximale Gerätespeicherdauer, sowie, soweit verfügbar, alle zusätzlichen zweckgebundenen Speicher- und Zugriffsinformationen, die von einem Anbieter gemäß den Spezifikationen bereitgestellt werden (IAB 2020d C. c. i.);
  - eine Liste aller Purposes, Special Purposes, Features und Special Features, die zum Einsatz kommen (sollen), sowie deren volle Beschreibung gemäß TCF Policy (IAB 2020d C. c. ii.);
  - die Möglichkeit, granular und spezifisch in Bezug auf jeden einzelnen Anbieter und, getrennt davon, zu jedem Zweck sowie zu jedem Special Feature einzuwilligen (IAB 2020d C. c. iii., iv.);
  - falls noch nicht im Initial Layer angegeben, Info darüber, dass diverse Anbieter eventuell auf Basis des berechtigten Interesses arbeiten, dass Nutzer:innen dem widersprechen können, sowie ein Link, unter dem mehr Informationen und die Möglichkeit zum Opt-out zu finden sind (IAB 2020d C. c. v.);
  - falls noch nicht im Initial Layer angegeben, Info über Konsequenzen einer Einwilligung bzw. Nicht-Einwilligung (IAB 2020d C. c. vi.).

- **Einfacher Opt-Out:** Die CMP muss auf der Webseite oder App für die Nutzer:innen einen Link zum einfachen Widerruf bereitstellen (z. B. „Einwilligung widerrufen").
- **Gleichgestellte Call-to-Actions:** Die Call-to-Actions, also z. B. der Annehmen- oder Ablehnen-Button sollen einigermaßen gleich gestaltet sein, was bedeutet, dass die Schriftart, Schriftgröße und der Schriftstil sowie das Mindestkontrastverhältnis von 5 zu 1 übereinstimmen müssen. Selbstredend darf kein Call-to-Action versteckt, unleserlich oder ausgeschaltet erscheinen. Dies gilt für die zwei primären Call-to-Actions im Initial Layer, was im Zweifel immer den Annehmen-Button betrifft, und je nachdem entweder den „Mehr Informationen"-Button und/oder den Ablehnen-Button.
- **Publisher Ausnahme:** Für einen Publisher ist es nicht verpflichtend, dass die CMP den Nutzer:innen die Möglichkeit gibt, granular und spezifisch einzuwilligen, sofern der Publisher eine Möglichkeit für die Nutzer:innen implementiert, auf Inhalte ohne Einwilligung durch andere Mittel zuzugreifen, z. B. über einen kostenpflichtigen Zugang, der keine Einwilligung zu irgendwelchen Zwecken erfordert.
- **Dokumentation:** Die CMP muss nicht nur den Consent an sich aufbewahren, sondern auch eine Aufzeichnung der UI, die zum Zeitpunkt des Consents auf der Website oder in der App implementiert war und diese auf Nachfrage dem Publisher oder Werbetreibenden zur Verfügung stellen.

Für eine vollständige und detaillierte Übersicht sollten Sie die TCF Policy im Original studieren (IAB Europe Transparency & Consent Framework Policies (IAB 2020a)) (Abb. 4.2).

Abb. 4.2 Offizielles Zertifikat des IAB für TCF 2.0-validierte CMPs

4.7 Die relevanten Anbieter (Reihenfolge alphabetisch, nur TCF 2.0-konforme CMPs)

Siehe Tab. 4.1

Insgesamt gibt es knapp 60 CMP-Anbieter, die sich mit ihrer CMP für das TCF 2.0 qualifiziert haben und 20 CMP-Anbieter, die eine zertifizierte Mobile CMP entwickelt haben (IAB o. J.).

4.8 Warum eine „zu lockere" CMP nicht zu empfehlen ist

Der IAB prüft regelmäßig stichprobenartig Implementierungen der CMPs auf Websites. Wenn dabei entdeckt wird, dass eine CMP gegen die IAB TCF 2.0 Policy verstößt, kann das IAB die CMP abmahnen. Wird eine CMP dreimal abgemahnt, endet die vierte Abmahnung in der sofortigen Suspendierung der CMP vom TCF 2.0 für 14 Tage. Das hätte zur Konsequenz, dass alle Kunden der CMP mit sofortiger Wirkung keine verifizierten Einwilligungen in Form von TC-Strings mehr von ihrer Website an Google & Co. senden könnten, was herbe

Tab. 4.1 Die relevanten Anbieter nach Ländern (sortiert nach CMP-Name)

Name	Standort
Cookiebot	Dänemark
ConsentManager	Deutschland
Commanders Act	Frankreich
Didomi	Frankreich
Evidon/Crownpeak	USA
Iubenda	Italien
LiveRamp	USA
Ogury	Frankreich
OneTrust	USA
Osano	USA
PiwikPro	Deutschland
Quantcast	USA
Sourcepoint	USA
TrustArc	USA
Usercentrics	Deutschland

Daten- und Werbeverluste zur Folge hätte. Daher lohnt es sich, bei der Auswahl einer CMP zu prüfen, wie flexibel die CMP Ihnen die Konfiguration anbietet oder schmackhaft macht. Wenn sie ZU biegsam erscheint, dann sollten Sie sich überlegen, ob die CMP ein verlässlicher Partner ist oder ob diese vermeintlich verlockende Flexibilität eventuell dazu führen könnte, dass die CMP, und damit auch Sie, früher oder später abgestraft werden.

Die Anpassung der Banner an Ihre CI durch Farben, Logo etc. sind im TCF 2.0 nach wie vor machbar, aber es wird in Zukunft keine Möglichkeit mehr geben, groß vom Standard-CMP-Wording abzuweichen. Hinsichtlich der rechtlichen Informationen pro Vendor beispielsweise darf die CMP keinerlei Abweichungen aufzeigen und zusätzliche Informationen geben.[5] Per Policy verpflichtet sich die CMP auch, Webseiten- bzw. App-Betreiber zu melden, die sich nicht an die Vorgaben halten und diese manipulieren, und sodann die Zusammenarbeit mit jenen zu unterbrechen, bis der Sachverhalt geklärt ist.[6] Umgekehrt enthält die IAB Policy auch die ausdrückliche Verpflichtung, dass die CMP nicht anderweitig von Publishern bzw. Werbetreibenden instruiert werden soll, beispielsweise im Bereich Wording der Stacks. In seiner Policy, warn das IAB insbesondere Publisher vor einem möglichen Umsatzverlust, falls man gegen die Policies verstoßen sollte. Denn: Technologie-Anbieter könnten auf Grund der Verstöße und des damit verbundenen rechtlichen Risikos eventuell nicht mehr mit dem Publisher zusammenarbeiten wollen (Abb. 4.3).

---

[5] „*A CMP must disclose Vendors' GVL information, including Legal Bases,* **as declared,** *and update Vendors' GVL information, including Legal Bases status in the Framework, wherever stored, according to the Specifications,* **without extension, modification, or supplementation,** *except as expressly allowed for in the Specifications.*" TCF V2.0 Policy, Chapter II, 4. Adherence to the Specifications (IAB 2020a).

[6] „*If a CMP reasonably believes that a Publisher using its CMP is not in compliance with the Specifications and/or the Policies, it must promptly notify IAB Europe according to MO procedures and may, as provided for by MO procedures, pause working with the Publisher while the matter is addressed. For the avoidance of doubt, where a commercial CMP receives an instruction from a Publisher that is in violation of these Policies, the CMP shall not act on the instruction.*" TCF V2.0 Policy, Chapter II, 7. Working with Publishers (IAB 2020a).

4 Consent Management Platforms (CMPs) – die neue ...

---

6. A Publisher must not modify, or instruct its CMP to modify, Stack descriptions and/or their translations unless

(a) the Publisher has registered a private CMP with the Framework, or its commercial CMP is using a CMP ID assigned to the Publisher for use with a private CMP;

(b) the modified Stack descriptions cover the substance of standard Stack descriptions, such as accurately and fully covering all Purposes that form part of the Stack;

(c) Vendors are alerted to the fact of a Publisher using custom Stack descriptions through the appropriate Signal in accordance with the Specification.

WARNING: MODIFYING STACK DESCRIPTIONS EVEN WHEN PERMITTED IS DISCOURAGED AS IT MAY INCREASE PUBLISHER AND VENDOR LEGAL RISKS AND MAY THEREFORE RESULT IN VENDORS REFUSING TO WORK WITH PUBLISHERS USING MODIFIED STACK DESCRIPTIONS. THIS COULD NEGATIVELY IMPACT PUBLISHER AD REVENUE.

Abb. 4.3 IAB Europe Transparency & Consent Framework Policies, Chapter IV: Policies for Publishers, 23. Managing Purposes and Legal Bases

---

Ihr Transfer in die Praxis

- Schaffen Sie in Ihrem Unternehmen ein flächendeckendes Verständnis darüber, was eine CMP ist, was ihre grundsätzlichen Funktionalitäten sind und vor allem, worin der große Mehrwert liegt.
- Informieren Sie sich über die verschiedenen Features der CMPs und priorisieren Sie diese für sich.
- Treffen Sie anhand obiger Kriterien eine Vorauswahl von rund fünf CMP-Anbietern, die für die weitere Evaluation in Betracht kommen.
- Prüfen Sie im Austausch mit dem CMP-Anbieter kritisch, ob er versucht, Ihnen die große Flexibilität in der Gestaltung („customization") schmackhaft zu machen. Da sollten Sie in Bezug auf TCF 2.0 hellhörig werden.

Literatur

Benedikt, K., Buckel, A., & Mammen, J. (2019). *Web-Tracking nach DSGVO – Praxishilfe zum Datenschutz im Online Marketing*. Fulda: Selbstverlag.

GitHub.com. (2020). *Project state* (01.07.2020). https://github.com/as-ideas/oil. Zugegriffen: 20. Sept. 2020.

Hein, D. (2020). Axel Springer macht weniger Umsatz und Gewinn (27.02.2020). *Horizont*. https://www.horizont.net/medien/nachrichten/bilanz-axel-springer-macht-weniger-umsatz-und-gewinn-181147. Zugegriffen: 20. Sept. 2020.

Interactive Advertising Bureau (IAB). (o. J.). *CMP list*. https://iabeurope.eu/cmp-list/. Zugegriffen: 25. Sept. 2020.

Interactive Advertising Bureau (IAB). (2020a). *IAB Europe transparency & consent framework policies. Version 2020-08-24.3.2*. https://iabeurope.eu/wp-content/uploads/2020/08/TCF_v2-0_FINAL_2020-08-24-3.2.pdf. Zugegriffen: 20. Sept. 2020.

Interactive Advertising Bureau (IAB) (2020b). *IAB Europe transparency & consent framework policies. Version 2020-08-24.3.2. Chapter I: Definitions*. https://iabeurope.eu/wp-content/uploads/2020/08/TCF_v2-0_FINAL_2020-08-24-3.2.pdf. Zugegriffen: 4. Okt. 2020.

Interactive Advertising Bureau (IAB). (2020c). *IAB Europe transparency & consent framework policies. Version 2020-08-24-3-2. Chapter II: Policies for CMPs. 5. Managing purposes and legal bases*. https://iabeurope.eu/wp-content/uploads/2020/08/TCF_v2-0_FINAL_2020-08-24-3.2.pdf.

Interactive Advertising Bureau (IAB). (2020d). *IAB Europe transparency & consent framework policies. Version 2020-08-24-3-2. APPENDIX B: User interface requirements, C. specific requirements for framework UIs in connection with requesting a user's consent*. https://iabeurope.eu/iab-europe-transparency-consent-framework-policies/#C_Specific_Requirements_for_Framework_UIs_in_Connection_with_Requesting_a_Users_Consent. Zugegriffen: 15. Nov. 2020.

Schwenke, T. (2020). BGH-Urteil: Opt-In-Pflicht für Werbe- und Marketing-Cookies. (FAQ mit Anleitung und Checkliste) (28.05.2020). *Datenschutz-Generator.de*. https://datenschutz-generator.de/bgh-cookies-opt-in-faq-checkliste/. Zugegriffen: 15. Sept. 2020.

5

Implementierung einer CMP

Zusammenfassung

Was Sie aus diesem Kapitel mitnehmen

- Welche Schritte Sie bei der Implementierung einer CMP erwarten
- Wie viel Zeit Sie für die Implementierung und Pflege einplanen sollten
- Welche Stakeholder innerhalb des Unternehmens welche Rolle und Verantwortlichkeit einnehmen
- Warum es sinnvoll sein kann, externe Agenturen, Beratungen oder Kanzleien mit einzubeziehen

5.1 Übersicht und Projektplan

5.1.1 In 12 Schritten zur erfolgreichen CMP-Implementierung

Da Sie vermutlich zum ersten Mal eine CMP implementieren, geben wir Ihnen hier einen grobe Übersicht über die Schritte, die im Laufe der Implementierung auf Sie zukommen werden und eingeplant werden

© Der/die Autor(en), exklusiv lizenziert durch Springer Fachmedien Wiesbaden GmbH, ein Teil von Springer Nature 2021
L. Gradow und R. Greiner, *Quick Guide Consent-Management,* Quick Guide, https://doi.org/10.1007/978-3-658-33021-7_5

müssen. Hier könnte man natürlich noch diverse Unterschritte hinzufügen, aber das sind im Wesentlichen Ihre To Dos:

1. Projektplan erstellen sowie Verteilung der Aufgaben an Legal, Marketing, IT und ggf. externe Stakeholder
2. Erstellen einer Liste an Webtechnologien – Scan der Webseite(n), App(s)
3. Festlegen der Rechtsgrundlage pro Technologie – berechtigtes Interesse, Einwilligung oder Vertragsverhältnis?
4. Entscheiden, wie aktuelle rechtliche Gegebenheiten interpretiert werden und basierend darauf die Gestaltung festlegen – Banner vs. Wall, Einwilligungstext, Detailgrad von Second und Third Layer
5. Hinzufügen der Technologien und Konfiguration der CMP im Admin-Interface des CMP-Anbieters
6. Verknüpfung der Technologien mit der CMP, sodass sie durch diese aktiviert und deaktiviert werden können
7. Gestaltung des Consent-Banners (siehe Kap. 6)
8. Implementierung der CMP in eigener Testumgebung oder direkt auf der Plattform, idealerweise nicht zu Stoßzeiten
9. Testing – Gibt es irgendwelche Bugs etc. oder vertragen sich CSS-Klassen nicht miteinander?
10. Pflege & Überwachung – regelmäßige Überprüfung, ob geladene Technologien mit aufgeführten Technologien übereinstimmen sowie Monitoring aktueller Urteile
11. Prozess für Implementierung neuer Technologien aufsetzen, sodass keine Abteilung oder externe Agentur an der CMP vorbei arbeiten kann
12. A/B-Testing und Optimierung der Opt-in-Rate

Bezüglich der Timeline und der Dauer der einzelnen Schritte ist es sehr schwer, eine generelle Einschätzung zu geben. Es gibt Unternehmen, da braucht es gerade mal einen Tag, um alle Schritte zu erfüllen. Das ist natürlich bei kleineren und agileren Unternehmen eher der Fall. Wir haben durchaus auch schon Banken und Versicherungen gesehen, die das Thema in ein paar Tagen durchgepeitscht haben, ebenso wie

Konzerne, bei denen sich dieser Prozess über mehrere Monate hingezogen hat. Je nachdem, wie dringend man eben konform werden möchte/muss/soll.

5.1.2 Die Ausschreibung

Wenn Sie die Auswahl eines CMP-Anbieters nicht nur auf Ihr Gefühl stützen möchten, ist es ratsam, ein Ausschreibungsdokument aufzusetzen. Im Fachjargon auch bekannt als *Request for Information* (RFI)/*Request for Product* (RFP). Hierin sollten alle Funktionalitäten, die Sie von Ihrem CMP-Anbieter erwarten, definiert werden. Das kann durchaus auch ein internes Dokument bleiben. Aber Sie können es auch den CMP-Anbietern schicken und von diesen ausfüllen lassen.

So oder so wird es Ihnen und sämtlichen involvierten Stakeholdern sehr dabei helfen, vorab den Erwartungshorizont abzustecken und intern wie extern transparent zu kommunizieren. Es bringt nichts, wenn Sie sich überstürzt für einen Anbieter entscheiden und später merken, dass diverse Features fehlen oder Sie mit der generellen Bedienweise des Interfaces nicht zufrieden sind. Die Erfahrung lehrt: Gehen Sie **nicht** davon aus, „dass das Tool das ja schon können wird". Lassen Sie sich auch nicht von Vertrieblern der Anbieter auf die Zukunft vertrösten à la „Ja, das ist noch auf unserer Roadmap", denn **Sie** müssen prompt nach Einkauf mit der Software leben und arbeiten. Anbieter wechseln und doppelt implementieren: Kann man zwar machen, muss man aber nicht.

Eine Vorlage für ein RFI gibt es zum Beispiel von den Anbietern OneTrust und Usercentrics auf deren Webseiten zum kostenlosen Download. **Wichtig:** Das RFI sollte **nicht** blind kopiert werden. Nicht jedes Unternehmen braucht eine gleich umfassende Lösung. Und noch ein Tipp: Verkomplizieren Sie es nicht unnötig. Es bringt nichts, endlose IT-Sicherheitskataloge mit in das RFI aufzunehmen. Beschränken Sie sich hier auf die tatsächlichen CMP-relevanten Kriterien. Simpel aber sauber, das sollte das Ziel sein.

Ein idealtypischer Prozess bei der CMP-Auswahl sieht so aus:

1. Anforderungserhebung mit allen relevanten Stakeholdern, beispielsweise in Form eines Fragebogens oder Workshops
2. Definition der Evaluationskriterien, der Must-haves und Ausschlusskriterien
3. Gewichtung und Priorisierung der Kriterien
4. Kontaktieren der Tool-Anbieter (Longlist sollte rund 4–5 Anbieter umfassen) und Einholen der Informationen zum Funktionsumfang
5. Einigung auf eine Shortlist mit den zwei bis drei Favoriten und diese um eine Demo-Session bitten
6. Konkrete Angebote einholen und vertiefte Vertrags- und Preisverhandlungen mit den Anbietern führen
7. Evtl. Testphase vereinbaren und das Interface und die versprochenen Funktionalitäten aus Anwenderperspektive validieren
8. Entscheidung und Vertragsabschluss

5.1.3 Zusammenspiel der Stakeholder innerhalb der Organisation

Wie es bei neuen Tools immer der Fall ist, stellt sich auch bei CMPs die Frage, wer sich im Unternehmen darum kümmert. Beziehungsweise auf neudeutsch: Wer ist der *Owner*? Die Antwort überrascht kaum: Das kommt darauf an – auf die Größe und Struktur des Unternehmens, aber auch auf die Branche und insbesondere auf die Wichtigkeit von Online Marketing. Publisher und eCommerce-Unternehmen etwa sollten die richtigen Leute und alle nötigen Ressourcen für das Projekt CMP bereitstellen, da es unmittelbar mit dem Umsatz verknüpft ist. Ein Maschinenbauer auf der Schwäbischen Alb kann das Thema wohl etwas gelassener angehen, allein da er kaum mehr als eine handvoll einwilligungspflichtiger Technologien auf der Webseite verbaut haben wird. Nichtsdestotrotz, wie wir gelernt haben, ist es völlig egal, ob ein einsames Google Analytics Cookie gesetzt wird, oder ob 113 Third-Party Requests gefeuert werden. Eine CMP braucht man so oder so.

Einen Schubs in Richtung Ownership kann auch die Haftungsregelung der DSGVO geben: Art. 82 DSGVO sieht vor, dass jede:r an der Verarbeitung beteiligte Verantwortliche für einen etwaigen Schaden haftet. In der Praxis schließt das potenziell Manager genauso mit ein wie Verantwortliche in der IT oder im Marketing. Es liegt also im Interesse aller Mitarbeiter:innen, die DSGVO als Priorität in allen Belangen zu behandeln. Kommuniziert man dieses Haftungsrisiko entsprechend im Unternehmen, regelt sich die Ownership hoffentlich ganz schnell von alleine. In jedem Fall erwartet die DSGVO eine klare Zuteilung der Verantwortlichkeiten (vgl. Erwägungsgrund 79) (Abb. 5.1).

Legal, Marketing & IT
Die Initiative, eine CMP zu implementieren, wird meist aus zwei Gründen ergriffen. (Vorauseilender Gehorsam ist keiner davon.) Als die DSGVO gerade in Kraft trat, verortete man das Thema vor allem bei denen, die die DSGVO umsetzen „durften". Oft war das nicht die Rechtsabteilung, sondern die Person, die sich nicht schnell genug

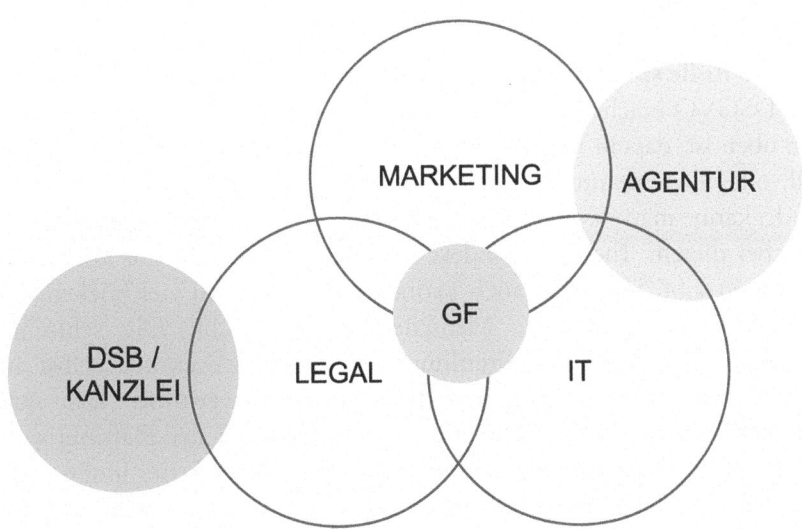

Abb. 5.1 Stakeholder-Zusammenspiel

weggeduckt hatte. Je nachdem, wie ernst Datenschutz schon vor der DSGVO umgesetzt wurde, hatten die auserwählten DSGVO-Implementierer:innen mehr oder viel mehr zu tun. Meistens begann man damit, die internen Prozesse zu sortieren und sich auf eine vermeintlich große Welle von Auskunftsanfragen, Löschanfragen und sonstigen DSGVO-Rechtsersuchen vorzubereiten.

Erst mit dem Planet49-EuGH-Urteil kam das Thema Consent auf Wiedervorlage bei vielen Unternehmen. Dass der BGH mit seinem Urteil vom 28. Mai 2020 der Meinung des EuGH folgte, überrascht nicht weiter und hat auch den letzten Vertreter:innen der Fraktion „Berechtigtes Interesse muss uns erstmal jemand verbieten" in Zugzwang gebracht.

Immer mehr wird die Implementierung einer CMP von den Marketingverantwortlichen selbst angestoßen. Der Grund ist, dass Google bereits im März 2019 ankündigt hatte, dem IAB Transparency & Consent Framework beizutreten, und noch viel wichtiger, es auch zu enforcen. Das bedeutet, dass man als Publisher und Advertiser zukünftig eine IAB-zertifizierte CMP braucht, um weiterhin bestimmte Google Werbeprodukte nutzen zu können (siehe Kapitel „Was ist das TCF 2.0?" Abschn. 2.1).

Welche Rolle spielt die Geschäftsführung?
Die DSGVO macht Datenschutz zur „Chef:insache". Wenn die Ansage von oben ist, dass in puncto DSGVO nur das Nötigste gemacht werden soll, oder Datenschutz generell als größtes Übel überhaupt angesehen wird, kann man wohl kaum erwarten, dass die Mitarbeiter:innen sich bei diesem Thema besonders reinhängen. Wo es keine Lorbeeren zu ernten gibt, wird sich auch kaum eine:r einmal zu viel bücken. So pflichtbewusst ticken wir Menschen (leider) nicht. Die schlechte Nachricht für die Mitarbeiter:innen ist, dass sie eventuell selbst in der Haftung sind. Die Haftung bei Datenschutzverstößen lässt sich gerade nicht auf die Geschäftsführung abwälzen. In der Haftung sind potenziell alle an der Verarbeitung beteiligten Mitarbeiter:innen (vgl. Art. 82 DSGVO). Trotzdem ist es für alle Beteiligten zielführender, wenn die Geschäftsführung die nötigen Ressourcen bereitstellt, freigibt und sämtliche Prozesse unterstützt. Operativ kann es auch sein, dass

einige Geschäftsführer:innen eingebunden werden wollen, da die Website oder App immerhin das digitale Schaufenster ist und das CMP-Banner den ersten Interaktionspunkt darstellt. Je nach Firmenkultur könnte es auch förderlich sein, die Geschäftsführung zumindest vor der Implementierung abzuholen. Auch wenn sehr detaillierte CMP-Banner vor allem mit TCF 2.0 zum Standard geworden und überall zu sehen sind, könnte sich die Geschäftsführung erschlagen fühlen. Das Universum rund um CMPs und TCF 2.0 gehört bisher noch nicht zum Allgemeinbildungsrepertoire, weswegen Kontext und Hintergrundinformationen nicht schaden können.

Zusammenspiel mit einer Agentur
Je nachdem, ob bereits eine externe Agentur in den Bereichen Website, Analytics oder Performance Marketing beauftragt ist, ist es auf jeden Fall sinnvoll und notwendig, diese in den Prozess miteinzubeziehen, Teilaufgaben an sie zu übertragen oder sie sogar ganz mit der Implementierung zu beauftragen. Die Vorteile für Sie liegen auf der Hand:

- Die Agenturen haben vermutlich schon mehrere Kund:innen bei der Implementierung einer CMP betreut und sind fit und schnell im Einbau.
- Die Agenturen haben vermutlich bereits branchenübergreifende Best Practices entwickelt, die sie an Sie weitergeben können. Das gilt sowohl für die technische als auch die gestalterische Umsetzung.
- Sie müssen intern kein neues CMP-Implementierungswissen aufbauen, welches Sie es in dieser Form vermutlich nur einmal benötigen.
- Die Agenturen können Ihnen bei den Konfigurationen im Interface der CMP helfen, sodass Sie kleinere Konfigurationen künftig auch unabhängig von der Agentur umsetzen können, wenn Sie das möchten.
- Wenn Sie eine Agentur in den Prozess miteinbeziehen, haben Sie auch nach der Inbetriebnahme einen kundigen und verlässlichen Partner für Maintenance und Änderungswünsche zur Hand, der Sie im Idealfall auch ungefragt auf neue rechtliche Pflichten und die aktuellsten Urteile hinweist.

Zusammenspiel mit einer Kanzlei oder einer/einem externen Datenschutzbeauftragten (DSB)

Uns ist bewusst, dass sich alle wünschen, sie würden mit der Implementierung einer CMP auch die Haftbarkeit abgegeben. Der CMP-Anbieter kann jedoch keine rechtliche Garantie abgeben. Lediglich die vertragsgemäße Bereitstellung der CMP-Software kann garantiert werden. Möchte man sich dennoch einen „DSGVO-konform-und-rechtssicher"-Stempel holen, bietet es sich an, eine Datenschutzkanzlei oder eine:n externen Datenschutzbeauftragte:n (DSB) mit einzubeziehen. So kann man sich von einer Kanzlei oder einer/einem Datenschutzbeauftragten die Konfiguration der CMP abnehmen lassen. Meist sind reine Datenschutzbeauftragte mehr hands-on und operativer unterwegs als Anwält:innen und werben damit, Sie aktiv bei der Implementierung solcher CMPs zu unterstützen. Doch auch viele Kanzleien und Anwält:innen bieten an, sowohl die rechtliche Beratung zu übernehmen, als auch als offizieller DSB zu fungieren. Doch Obacht: Es kommt vor, dass Anwält:innen mit den technischen Details der Marketing-Technologie-Anbieter überfordert sind und damit nicht wirklich etwas anfangen können. Das führt dann eventuell dazu, dass sie die Einschätzung, welche Rechtsgrundlage zulässig ist, falsch treffen und strikter vorgehen, als nötig. Das heißt, um sicherzugehen, sollten Sie Übersetzer:in spielen und den Anwält:innen erklären, was genau diese Tools machen. Dann kann die Zusammenarbeit trotzdem gut funktionieren. Es gibt aber durchaus einige Anwält:innen, die sich sehr genau mit CMPs auseinandergesetzt und auch schon operativ damit gearbeitet haben.

5.2 Konfiguration Legal und Design

Die meiste Arbeit bei der Implementierung einer CMP macht nicht etwa der tatsächliche technische Einbau, sondern machen die Abstimmungen und Entscheidungen vorab. Die Frage, wie die CMP aussehen *soll*, muss auch mit der Frage, wie sie aussehen *darf*, zusammengebracht werden. Je nachdem, wer im Unternehmen den Hut auf hat, kann beeinflussen, von welcher Seite das Pferd gesattelt wird. Logischer ist es, bei den rechtlichen Anforderungen anzufangen. Also, wie muss eine CMP konfiguriert werden, damit Daten rechtskräftig gesammelt werden dürfen. Das fängt damit an, die Rechtsgrundlage pro Cookie-Technologie festzulegen. Da aller Voraussicht nach die Einwilligung das Mittel der Wahl für die meisten Technologien sein wird, muss das CMP-Design sich vor allem nach den gesetzlichen Anforderungen hierfür richten (siehe auch Kapitel „Konform einwilligen im Web" Abschn. 1.6). Mit Einführung des IAB TCF 2.0-Frameworks sind, wie oben bereits aufgeführt, die Möglichkeiten seiner eigenen Kreativität und juristischen Interpretation freien Lauf zu lassen, Grenzen gesetzt. Das hat aber auch den Vorteil, dass nun diverse interne Diskussionen gar nicht mehr stattfinden müssen, da das IAB hier die Antwort schlicht diktiert. Nichtsdestotrotz sollten Sie anhand der TCF 2.0-Vorgaben zu einer Konfiguration kommen, welche Sie im Falle eines Falles auch gegenüber einer Behörde verteidigen können: Warum haben Sie sich für diese Anordnung der ersten, zweiten etc. Ebene entschieden? Warum reichen die Informationen pro Vendor nach der DSGVO-Informationspflicht aus? Wie wird die Einwilligung durch den TCF String dokumentiert, sodass ein Entlastungsbeweis erbracht werden kann? All diese Fragen sollten Sie intern im Rahmen der Konfiguration und Implementierung der CMP stellen und die Antworten dazu dann parat haben.

Wahrscheinlich wird sich auch hier noch einiges ändern und konkretisieren. Dieser Quick-Guide geht vom Stand November 2020 aus, deswegen sollten Sie in jedem Fall checken, ob es seither Neuerungen gab.

5.3 Cookie-Identifikation und Clusterung

Größtenteils muss man davon ausgehen, dass die mittels Cookies oder anderer verwandter Technologien erlangten Informationen sowie die im Cookie gespeicherten Informationen personenbeziehbar sind und damit den Anforderungen der DSGVO unterliegen (Greiner und Helbing 2019b). Daher ist eine kritische Betrachtung und Zweckbestimmung im Vorfeld unumgänglich. Um einerseits der Informationspflicht und Forderung nach größtmöglicher Transparenz nachzukommen und andererseits durch granulare Auswahlmöglichkeiten noch Einwilligungen für gewisse zusätzliche Cookie-Gruppen zu erhalten, empfiehlt sich auf jeden Fall die Einteilung (Clusterung) all Ihrer Cookies. Doch bevor Sie damit starten, müssen Sie zunächst wissen, welche Cookies Sie überhaupt setzen möchten.

5.3.1 Identifikation aller Cookies

Für die Identifikation Ihrer Cookies gibt es kostenlose „Cookie-Crawler", die Ihnen eine Liste der von Ihrer Website gesetzten Cookies generieren. Weiter oben haben wir Ihnen zu diesem Zweck bereits den Dienst *Webkoll* vorgestellt. Achten Sie auf jeden Fall darauf, dass ein Crawler auch das sogenannte „Piggybacking" erfasst, also Cookies von Services, die nicht direkt gesetzt werden, sondern im Paket mit einem weiteren Cookie kommen. Die meisten CMPs bieten Cookie-Crawler auch direkt an, sodass Sie nicht noch auf eine andere kostenlose Seite zugreifen müssen. In jedem Fall empfiehlt es sich, mindestens zwei Crawler über Ihre Seite laufen zu lassen und die Ergebnisse miteinander zu vergleichen.

Wenn Sie nun eine fertige Liste Ihrer Cookies haben, sollten Sie die folgenden Angaben erfassen oder ergänzen (Greiner und Helbing 2019a):

- Technische Kennung des Cookies (z. B. „session_id")
- Angabe des Nutzungszwecks (z. B. „Login/Authentifizierung im Kundenmenü", „Datensicherheit", „Load Balancing")
- Beschreibung des Inhalts, der im Cookie gespeichert wird (z. B. „gewählte Sprache", „Session-ID", „Name, E-Mail und Anschrift des/der Nutzer:in")
- Speicherdauer des Cookies (z. B. „bis Schließen des Browser-Fensters", „90 Tage", „unendlich")
- Angabe, ob der Cookie von der Domain gesetzt wird, die in der URL-Zeile des Browser angezeigt wird (First-Party Cookie) oder von einer anderen Domain (Third-Party Cookie). Bei Third-Party

Cookie: Angabe der Domain, die den Cookie setzt, d. h.: Wer ist für den Third-Party Cookie verantwortlich?
- Erläuterungen und Besonderheiten (z. B. „kein klassischer Cookie, Speicherung im HTML5 Local Storage")

5.3.2 Clusterung und Bewertung der Cookies

Wenn Sie alle Informationen zu den von Ihnen gesetzten Cookies haben und entschieden haben, für welche Cookies Sie eine Einwilligung benötigen, sollten Sie die Cookies gruppieren und die Ergebnisse in Ihrem „Cookie-Konzept" (oder wie auch immer Sie das nennen möchten) festhalten.

Dabei gibt es viele Möglichkeiten und keine eindeutige, allgemeingültige Lösung. Die folgenden Faktoren werden Ihre Entscheidung diesbezüglich beeinflussen:

- Gesamtmenge und Art der zu clusternden Cookies
- Vorgaben seitens der CMP
- Vorgaben Ihrer Rechtsabteilung

Aus rechtlicher Sicht bietet sich eine Gruppierung nach einem ähnlichen Nutzungszweck an, denn Einwilligungen sollen später ggf. nur für Datenverarbeitung je Cookie-Cluster möglich sein, und die DSGVO verbietet es, Einwilligungen zu koppeln, die unterschiedlichen Verarbeitungszwecken dienen.

Inzwischen hat sich folgende Gruppierung als Best Practice und möglicher Standard bewährt und sollte auch die meisten Ihrer individuellen Cookie Use Cases abbilden:

1. Essentielle/notwendige Cookies (ohne diese Cookies lässt sich die Website nicht korrekt darstellen oder nutzen, z. B. Videoplayer oder Warenkorb-Cookie bei eCommerce-Websites, ggf. Spracheinstellung)
2. Funktionale Cookies (ohne diese Cookies sind wesentliche Inhalte der Website nicht korrekt darstellbar, z. B. Chatfunktion, Spracheinstellung. Die Website lässt sich aber sonst problemlos aufrufen und bedienen)

3. Analytics (diese Cookies dienen dem Web- oder App-Tracking und reichen von der einfachen Reichweitenmessung bis hin zur Analyse der Customer Journey)
4. Marketing (alle Cookies, die für Marketing- und Re-Marketingmaßnahmen verwendet werden, insbesondere von reinen Marketing-Tools wie DoubleClick, Target, Facebook etc.)

5.3.3 Alle Cookies in einer Cookie-Policy erläutern

Wenn Sie nun wissen, wie Sie Ihre Cookies gruppieren und – damit zusammenhängend – wissen, für welche Cookies Sie die Einwilligung Ihrer Nutzer:innen brauchen, können Sie Ihr Cookie-Konzept technisch umsetzen. Parallel dazu sollten Sie die Cookies und Verarbeitungszwecke in der Cookie-Policy zusammenstellen. In der Cookie Policy informieren Sie Ihre Websitenutzer:innen über die von Ihnen gesetzten Cookies. Dabei hilft Ihnen die bereits erfolgte Gruppierung und dass Sie die oben beschriebenen Informationen zu Speicherungsdauer, Verwendungszweck etc. bereits ermittelt und ausführlich beschrieben haben. Wenn Sie eine Consent Management Platform nutzen, erleichtert es die Darstellung, da die Tools grundlegende Cookie-Informationen bereitstellen und zentral verwalten. Damit ist Ihre Cookie-Policy immer aktuell – Nur die von Ihnen festgelegten Parameter, wie individuelle Speicherdauern etc., bzw. Informationen zu Cookies, die nicht weit verbreitet und daher nicht in der CMP schon standardmäßig beschrieben sind, müssen Sie dann noch bereitstellen.

Wenn die Nutzer:innen Einwilligungen erteilt haben, müssen sie in der Lage sein, diese jederzeit zu widerrufen – und zwar genauso leicht wie die Einwilligung erfolgt ist. Über die „Cookie-Policy" müssen bisher erteilte Einwilligungen eingesehen und widerrufen werden können.

Grundsätzlich gilt: Das letzte Wort bei der Bestimmung der Zwecke und der Clusterung sollte Ihre Rechtsabteilung haben. Es gibt hier wirklich viel Spielraum und eine geschickte Clusterung kann zu einer besseren Datengrundlage führen.

> Unbedingt beachten: Für den Fall, dass Sie den TCF 2.0-Standard umsetzen wollen, sollten Sie bereits die Clusterung analog zu den Vorgaben der TCF 2.0 vornehmen (Siehe z. B. die 10 Verwendungszwecke im Kapitel „Was ändert sich durch das TCF 2.0?" Abschn. 2.1.1).

5.4 Einbau

Die technische Implementierung einer CMP stellen sich viele Unternehmer:innen herausfordernd vor. Diese Angst ist aber eigentlich unbegründet, wenn man ein paar wichtige Hinweise beachtet. Es kommt natürlich darauf an, wie komplex das bestehende Setup der Website ist und wie viele Technologien Sie im Einsatz haben, die Cookies benötigen. Der Implementierungsprozess kann sich zwar im schlimmsten Fall über Wochen hinziehen, wenn Informationen und die Clusterung fehlen, wenn die Rechtsabteilung zu spät ins Boot geholt wird oder wenn es lange Budgetabstimmungen braucht. Wenn aber alle Vorarbeiten geleistet sind, lässt sich eine CMP schnell implementieren. Man glaubt kaum, welche Hebel auch in großen Tankern (aka Konzernen) in Bewegung gesetzt werden können, wenn der Wille bei allen relevanten Stakeholdern da ist. Das Damoklesschwert der Abmahnung, Post von einer Behörde oder neue gerichtliche Urteile bewirken Wunder. So ist durchaus schon so manche Großbank oder Versicherung innerhalb eines Tages mit einer CMP livegegangen. Wenn es sein muss, geht's dann auch. Der Anbieter *Quantcast* wirbt beispielsweise damit, dass man die CMP in weniger als einer Stunde einbauen kann (Quantcast o. J.).

Welche Schritte der Einbau einer CMP umfasst:

1. Vorbereiten aller rechtlichen Abstimmungen inklusive Cookie Clusterung und weiterführenden Hinweisen bei Cookies, die nicht im Standard-Repertoire Ihrer CMP liegen, sowie Text- und Designvorlagen.
2. Konfiguration Ihrer CMP in deren Interface: Texte einfügen, Banner gestalten, detaillierte Einstellungen vornehmen.

3. Sie erhalten dann eine URL oder ID von Ihrer CMP, die Sie – einfach gesagt – per Copy-Paste auf Ihrer Website einbauen müssen.
4. Die CMP deployt Ihre Einstellungen auf den relevanten Server. Manche CMPs hosten die Informationen in Form von Files. In diesem Fall müssen diese auf der Website integriert werden und das Consent-Vergnügen kann beginnen.

Sie denken, dass das ziemlich machbar klingt? Ist es auch. Leider gibt es dennoch ein Aber, denn wie so oft steckt der Teufel im Detail: Der kritische Teil der Implementierung liegt in der Schwierigkeit, wie Tools damit umgehen, dass Consent manchmal vorhanden ist und manchmal nicht. Früher war die Implementierung von Tags und Marketing-Pixeln oftmals synchron, also direkt beim Aufbau der Website, möglich. Nun gilt es aber, dieses initiale Feuern so lange zu unterbinden, also „asynchron" zu implementieren, bis eine Einwilligung da ist.

Wenn Sie im initialen PageLoad beispielsweise Kampagnendaten erheben, also über welchen Einstieg Ihre Nutzer:innen auf Ihre Seite kommen, dann müssen Sie diese Information entweder zwischenspeichern und nach der Einwilligung die Daten an Ihr Tool übermitteln oder das Tag nach Opt-in noch einmal feuern, sonst sind Ihre Daten verloren. Einen einfachen PageLoad zu wiederholen ist rechtlich unkritisch. Wenn Sie aber nicht nur den PageLoad, sondern auch Interaktionen behalten wollen, müssten Sie diese zwischenspeichern. Dieses Zwischenspeichern oder Buffering ist technisch möglich, muss aber mit Ihrer Rechtsabteilung abgeklärt werden, da es rechtlich eine Grauzone ist. Obwohl es manchmal sinnvoll sein kann, würden wir aus rechtlicher Perspektive davon abraten, irgendetwas zu feuern, was nicht notwendig ist und wofür Sie noch keinen Consent haben. Eventuell kann es auch ratsam sein, von Cookie zu Cookie individuell zu entscheiden, was Sie eventuell schon direkt „auf gut Glück" feuern (z. B. funktionale Cookies, deren Informationen Sie dann aber ggf. bei Opt-out nicht weitergeben) und was Sie wirklich erst nach Opt-in ausspielen (z. B. Marketing-Cookies).

Das Buffering kann vor allem dann wertvoll sein, wenn Sie sich für eine Bannervariante entscheiden, die nicht zu einer Interaktion zwingt. Wenn ihr Banner klein und unauffällig in einer Ecke bleibt, während die Nutzer:innen die Seite ganz normal bedienen können, kann es wichtig sein, das Userverhalten zwischenzuspeichern, da Sie damit wichtige Daten gewinnen, wenn die Zustimmung nach längerer Benutzung der Website doch noch kommt.

Ein weiteres Problem der Asynchronität stellt sich dar, wenn Sie in Ihrer CMP-Konfiguration etwas ändern oder sich beispielsweise Bedingungen der Tool-Anbieter ändern. Wenn Sie ein Tool mit dem Namen CookieTool1 in Verwendung haben und dieses Tool nun nicht mehr aus der EU operiert, sondern die Datenverarbeitung in die USA verlegt hat, müssen Sie, beziehungsweise die CMP, das angeben und den Consent erneut einholen. Nun kommen Nutzer:innen auf Ihre Seite, die dem Tool CookieTool1 bereits zugestimmt haben und der Tag des Tools könnte sofort gefeuert werden, da womöglich erst in einem zweiten Schritt die CMP das Banner erneut ausspielt, um den Consent für die angepassten Bedingungen einzuholen. Hier müssen Sie gemeinsam mit Ihrer Rechtsabteilung entscheiden, wie Sie diese Situation behandeln wollen, also ob Sie das Risiko eingehen, den ersten Consent so zu werten, dass bis zur erneuten Interaktion mit dem aktualisierten Banner Daten erhoben werden oder nicht.

Für den Fall, dass Sie personalisierte Inhalte bereits auf der Startseite ausspielen wollen, beispielsweise in Form von Teaserbildern, müssen Sie auch bedenken, welche Auswirkungen das auf die zeitliche Reihenfolge haben kann. Wenn Sie den Consent haben, ist das kein Problem. Sollte sich im Personalisierungstool allerdings eine Änderung der oben beschriebenen Bedingungen ergeben haben, müssen Sie korrekterweise zunächst eine unpersonalisierte Version ausspielen, die bei Opt-in neu und dann personalisiert geladen werden muss. Inwiefern das die Website-Erfahrung Ihrer Nutzer:innen beeinflusst, müssen Sie in Ihrem individuellen Fall entscheiden.

Sie sehen, Timing ist hier entscheidend und diese Abhängigkeiten und Entscheidungen, die getroffen werden müssen, sind die eigentlichen Schwierigkeiten bei der Implementierung Ihrer CMP. Als grobe Richtlinie kann gelten, dass Sie grundsätzlich mit dem Setzen von Cookies warten sollten, bis der aktuell gültige Consent vorliegt. Doch auch wenn Sie das Thema differenzierter behandeln wollen, ist das kein

Grund, in Panik zu verfallen, da findige Entwickler:innen und zur Not auch externe Berater:innen Ihnen dabei helfen können.

Eine Frage, die Sie im Vorfeld in jedem Fall beantworten müssen, ist, ob Sie die CMP direkt auf Ihrer Website einbauen oder ob Sie die Implementierung über ein möglicherweise vorhandenes Tag-Management-System (TMS) vornehmen. Wo die Vorteile und Nachteile liegen, können Sie den beiden folgenden Abschnitten entnehmen.

5.4.1 Direkt auf der Webseite

Wenn Sie die CMP direkt auf Ihrer Website implementieren, brauchen Sie Entwickler, die die Implementierung direkt im Code der Website umsetzen. Der größte Vorteil dieser nativen Implementierung ist, dass die Ausspielung Ihres Consent-Banners vermutlich keinem Adblocker zum Opfer fallen wird. Insbesondere dann, wenn der Server unter einer eigenen vertrauenserweckenden Domain (zum Beispiel cmp.meinunternehmen.com) angetroffen wird, sollten Adblocker in der Regel kein Problem haben. Diese eigene Domain erhalten Sie entweder durch das Self-Hosting des Tools auf Ihren eigenen Servern oder über eine sogenannte CNAME (= Canonical Name)-Lösung. Ohne uns hier in technischen Details zu verlieren, können Sie sich den CNAME als einen Alias zum eigentlichen Servernamen vorstellen. Wenn Ihre CMP also auf einem Server mit der URL cmp.unserioeserserver.com gehostet ist, können Sie als CNAME cmp.meinedomain.com wählen, wodurch der Adblocker nicht argwöhnisch wird und nicht in Versuchung kommt, die Ausspielung zu blockieren.

In jedem Fall sollten Sie die Implementierung direkt auf der Website wählen, wenn nicht alle Pixel und Tags über einen einzigen Tag Manager ausgespielt werden. Warum? Ganz einfach: Wenn die CMP vom Tag Manager abhängt und dieser vom Adblocker blockiert wird, dann gibt es auch keine Consent-Information für die Cookies, die nicht vom Tag Management kommen. Das heißt je nach Ihrer vorher definierten Implementierung könnten entweder Cookies gesetzt werden, obwohl kein Opt-in vorliegt, da kein Opt-out festgestellt werden kann. Oder Cookies, für die es einen Opt-in gibt, werden nicht ausgespielt, weil diese Information nicht gefunden wird.

5.4.2 Tag-Management

Der größte Vorteil der Implementierung via Tag Manager ist die Einsparung von Entwickler:innen-Ressourcen, da die CMP nicht direkt im Code implementiert wird. Die Implementierung kann hierbei von jeder Person durchgeführt werden, die mit dem TMS umgehen kann, ohne dass ausgereifte Entwickler:innen-Kenntnisse erforderlich wären. Damit geht natürlich auch einher, dass Einstellungen flexibler und leichter angepasst werden können.

Wenn Sie jedoch den Weg über ein TMS gehen, kann es sein, dass dieses von Adblockern erkannt und blockiert wird. Damit haben Sie dann kein Consent-Banner und damit auch keine Einwilligung zur Datenerhebung. Wird die CMP über einen Tag Manager implementiert, sollte es außerdem keine weiteren Tag Manager oder nativ implementierten Pixel geben. Das Einholen des Consents kann dann nämlich nicht garantiert werden, wenn der Tag Manager, der die CMP ausspielt, blockiert wird. Wenn Sie mehrere Tag Manager im Einsatz haben, macht die Frage, welcher zuerst geladen werden soll, die Implementierung zusätzlich schwierig. Die bereits beschriebenen Probleme der Asynchronität gelten hier ebenso wie bei der nativen Implementierung.

5.5 Mobile CMP

CMPs in Apps zu implementieren, ist eine noch recht neue Disziplin, die erst im Sommer 2020 begonnen hat, so richtig an Fahrt aufzunehmen. Daher gibt es hierfür bisher weniger Expert:innen, die Ihnen dabei zur Seite stehen können, als bei der Implementierung auf Websites – das wird sich aber auch schnell ändern.

In Apps haben Nutzer:innen gelernt, dass sie auch im jeweiligen Kontext nach der Einwilligung gefragt werden können. Gemeint ist zum Beispiel die „Just-in-Time"-Anfrage (Micro-Consent) nach Zugriff zum Mikrofon, wenn die App-Nutzer:innen die Sprachfunktion benötigen. Diese Zustimmung ist auch eine Einwilligung und muss den Anforderungen *Freiwilligkeit, Informiertheit* und so weiter genügen. Daher ergibt es Sinn, auch diese Consents über die CMP zu verwalten (Abb. 5.2).

Gleichzeitig kann es sinnvoll sein, auch in Apps eine zentrale Consent Wall zu implementieren, die erscheint, wenn die Nutzer:innen die App zum ersten mal aufrufen. Über diese können Sie als Unternehmen versuchen, die Einwilligung für alle nötigen Dienste schon vorab einzuholen (Abb. 5.3).

Eine Schwierigkeit, die hinzukommen kann, ist, dass Apps meist sehr individuell aufgebaut sind, wodurch sie im Vergleich zu Websites anfälliger für besondere Problemstellungen sind. Auch die Anbieter von

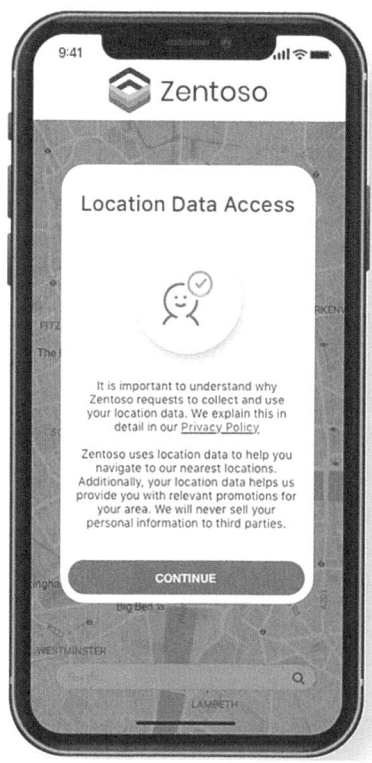
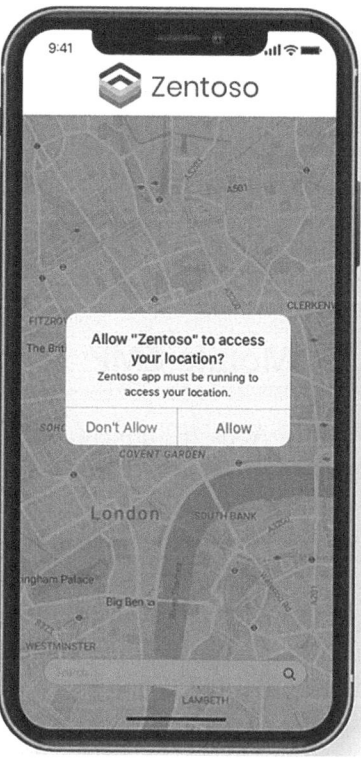

Abb. 5.2 Just-in-Time Consent Popups. (OneTrust 2019)

5 Implementierung einer CMP   117

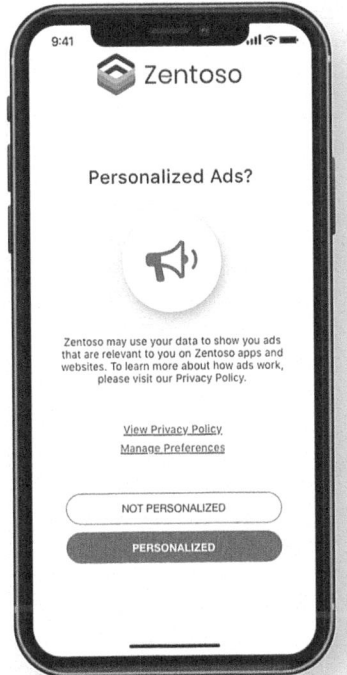
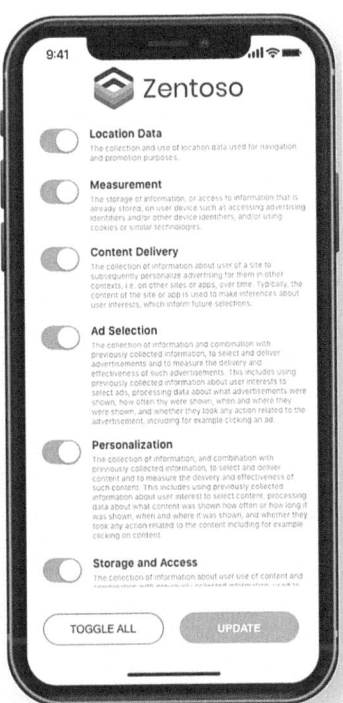

Abb. 5.3 Full Screen Consent Overlay und Mobile Preference Center. (OneTrust 2019)

Mobile-CMPs haben teilweise sehr unterschiedliche Technologien entwickelt, sodass Sie unbedingt die Tech-Spezifikationen genau studieren sollten, bevor Sie sich für einen Anbieter entscheiden. Es könnte beispielsweise sein, dass Sie bereits den „Dependency Manager CocoaPads" im Einsatz haben müssen, um die CMP zu implementieren (z. B. bei Sourcepoint für iOs), wobei auch immer eine manuelle Implementierung möglich ist. Wenn Sie gerne mit WebViews arbeiten, so lässt sich auch der Einbau eines dedizierten SDKs umgehen, da einige Anbieter auch die Einbindung über WebViews empfehlen (z. B. Didomi).

Durch die bei Apps sehr individuellen Anforderungen und technologischen Lösungen der CMP-Anbieter kommen Sie leider nicht umhin, sich bezüglich der Implementierung bei Ihrem Anbieter direkt zu informieren und beraten zu lassen. Daher haben wir Ihnen in den Literaturhinweisen zu diesem Kapitel die Hilfestellungen der bekanntesten Anbieter aufgeführt. Natürlich können die Links zu den Hilfestellungen vermutlich schneller veralten als dieses Buch die nächste Auflage erreicht, aber alleine die Auflistung der verschiedenen Anbieter sollte Ihnen die nächsten Schritte erleichtern. Die aus unserer Sicht relevantesten Anbieter für Mobile-CMPs sind Didomi, Ogury, OneTrust, SourcePoint, TrustArc und Usercentrics.

Eine Auswahl an Anbietern, die eine Mobile CMP mit dediziertem SDK anbieten:

- Didomi – (Didomi Developers Documentation o. J.)
- Ogury – (Ogury o. J.)
- OneTrust – (OneTrust 2019)
- SourcePoint – (Sourcepoint Help Center o. J.)
- TrustArc – (TrustArc o. J.)
- Usercentrics – (Usercentrics o. J.)

Ihr Transfer in die Praxis

- Beginnen Sie mit einem Stakeholder-Workshop oder nutzen Sie eine andere Methode, um alle relevanten Stakeholder in Ihrer Organisation zu identifizieren.
- Schicken Sie einen Fragebogen zu Anforderungen an die CMP an die relevanten Stakeholder.
- Konsolidieren Sie die Ergebnisse und priorisieren Sie die Anforderungen. Die Ergebnisse können Sie im Ausschreibungsdokument festhalten.
- Laden Sie verschiedene CMP-Anbieter zu einer Demo-Session ein, prüfen Sie die CMPs anhand Ihres gewichteten Kriterienkatalogs und vergleichen Sie die Preise.
- Bitten Sie Ihre IT/Development-Abteilung um eine Aufstellung aller Cookies sowie der zugehörigen Technologien und Zwecke.
- Erstellen Sie ein Cookie-Konzept mit diesem Input und in Absprache mit Ihrer Rechtsabteilung. Orientieren Sie sich dabei bereits am TCF 2.0-Standard falls nötig.
- Klären Sie die Anforderungen an die Gestaltung des Banners – rechtlich wie in Abstimmung mit den TCF 2.0-Anforderungen.
- Entscheiden Sie sich mit Ihren Entwickler:innen für die beste Implementierungsvariante und holen Sie sich Support bei Ihrer CMP.

Literatur

Didomi Developers Documentation. (o. J.). *Share consent with webviews.* https://developers.didomi.io/cmp/mobile-sdk/share-consent-with-webviews. Zugegriffen: 30. Sept. 2020.

Greiner, R., & Helbing, T. (2019a). Schritt für Schritt zum Consent-Glück: So geht's! (06.12.2019). *FELD M.* https://www.feld-m.de/schritt-fuer-schritt-zum-consent-glueck-so-gehts/. Zugegriffen: 16. Sept. 2020.

Greiner, R., & Helbing, T. (2019b). WHAT THE COOKIE?! – Was das EuGH-Urteil für Ihr Website-Tracking bedeutet und wie Sie Cookies weiterhin einsetzen können (28.11.2019). *FELD M.* https://www.feld-m.de/what-the-cookie-was-das-eugh-urteil-fuer-ihr-website-tracking-bedeutet-und-wie-sie-cookies-weiterhin-einsetzen-koennen/. Zugegriffen: 17. Sept. 2020.

Ogury (o. J.).(Ogury Choice Manager auf der Website). https://ogury.com/products/choice-manager/. Zugegriffen: 30. Sept. 2020.

OneTrust (2019). *OneTrust mobile app scanning & consent.* https://www.onetrust.com/products/mobile-app-consent/. Zugegriffen: 30. Sept. 2020.

Quantcast. (o. J.). *Simplify consent & compliance management.* https://www.quantcast.com/gdpr/consent-management-solution/. Zugegriffen: 4. Okt. 2020.

Sourcepoint Help Center. (o. J.). *Getting started with iOS.* https://documentation.sourcepoint.com/mobile-implementation/getting-started-with-ios. Zugegriffen: 30. Sept. 2020.

TrustArc. (o. J.). *Mobile app consent.* https://trustarc.com/mobile-app-consent/. Zugegriffen: 30. Sept. 2020.

Usercentrics. (o. J.). *Mobile consent management made easy for native apps.* https://usercentrics.com/de/in-app-sdk/. Zugegriffen: 30. Sept. 2020.

6
Bannergestaltung, Opt-in-Optimierung und A/B-Testing

Zusammenfassung

Was Sie aus diesem Kapitel mitnehmen

- Wieso die Opt-in-Rate so wichtig (und wenig vergleichbar) ist
- Wieso gut gestaltet schon halb optimiert ist
- An welchen Stellschrauben Sie für die Optimierung drehen sollten
- Wie A/B-Tests Ihnen bei der Optimierung helfen können – und wie nicht

Die meisten Firmen beschäftigen sich mit der bewussten Gestaltung des Consent-Banners erst, nachdem sie das Tool bereits implementiert und im Einsatz haben. Spät ist zwar bekanntlich besser als nie, allerdings sollte schon möglichst früh im Prozess versucht werden, das Optimum aus der Bannergestaltung herauszuholen. Nur so sorgen Sie dafür, dass es gar nicht erst zu einem drastischen Einbruch der Datengrundlage kommt und Ihre Online-Marketing-Mitarbeiter:innen nicht verzweifelt verlässliche Daten vermissen. Der Worst-Case in einem eCommerce-Shop ist die Einführung und Inbetriebnahme der CMP mit einem nicht ausgereiften Banner zwischen Oktober und Dezember. Hier kann es leicht passieren, dass wesentliche Erkenntnisse aus dem Weihnachtsgeschäft einfach wegfallen und Re-Marketing kaum mehr möglich ist, weil beispielsweise nur noch 20 % der ursprünglich verfügbaren Daten erhoben und genutzt werden dürfen.

Bevor Sie mit der eigentlichen Gestaltung beginnen, sollten Sie sich darüber klar werden, ob Sie Technologien einsetzen, die die Erfüllung des IAB TCF 2.0-Standards erfordern. Dieser stellt nämlich besondere Ansprüche an die Bannergestaltung. Die meisten CMPs haben diesbezüglich Templates, sodass Sie sich eigentlich nur noch Gedanken über die genaue Textgestaltung und Farbgebung machen müssen. Hinsichtlich des Optimierungspotenzials ist der Gestaltungsspielraum wegen der Anforderungen von TCF jedoch stark beschränkt, weshalb auch nicht alle der untenstehenden Optimierungsmöglichkeiten vollumfänglich auf TCF-Banner angewendet werden können.

6.1 Der neue (Proxy-)KPI im Marketing: die Opt-in-Rate

Das datengetriebene Marketing hat mit der Opt-in-Rate eine neue und weitreichende Kennzahl erhalten. Als klassischer KPI (Key Performance Indicator) ist sie natürlich direkt messbar, allerdings gibt diese Kennzahl wenig Auskunft über den tatsächlichen Geschäftserfolg, wie etwa den Umsatz oder den Return on Investment (ROI) im Marketing. Gleichzeitig wird schnell klar, dass datengetriebene Entscheidungen im Unternehmen nur auf Grundlage belastbarer Daten in ausreichender Menge getroffen werden können und etwa Re-Marketing-Maßnahmen ein entscheidender Faktor für die Umsatzgenerierung sind. Damit wird die Opt-in-Rate zu einem zentralen Proxy-KPI für die relevantesten Kennzahlen im Unternehmen, denn sie ist ein Indikator dafür, wie verlässlich beispielsweise ein Marketing-ROI ist. Von der Einwilligung hängt ab, inwiefern Re-Marketingmaßnahmen ausgeführt werden können, ob messbar ist, wie diese sich auf den Umsatz auswirken und ob Entscheidungen auf der existierenden Datengrundlage sinnvoll getroffen werden können. Auch die meist auf Attributionsdaten basierende

6 Bannergestaltung, Opt-in-Optimierung und A/B-Testing

Marketingbudget-Allokation kann im Unternehmen enormen Einfluss auf ROI, Umsatz und Gewinn nehmen und sollte daher auf möglichst aussagekräftigen Daten basieren, deren Qualität die Opt-in-Rate ebenfalls indizieren kann.

> **Übersicht**
>
> Sorgt das Einholen von Consent dafür, dass Websitebesucher:innen mit einer höheren Wahrscheinlichkeit die Landingpage sofort wieder verlassen, wenn sie das Consent-Banner sehen und steigt damit die Bounce-Rate (= Absprungrate)?
> Die Antwort ist: Jein, es kommt darauf an. Einerseits hängt es von der Gestaltung des Banners ab, ob die Nutzer:innen das Gefühl haben, schnell und einfach entscheiden zu können oder nicht. Andererseits kommt es auch darauf an, wie die Nutzer:innen auf die Seite kamen und wie groß und dringend das Bedürfnis ist, die Inhalte der Seite zu sehen. Die gute Nachricht ist, dass die Besucher:innen mit wenig „Involvement" in der Regel ohnehin weniger mit der Seite interagieren oder mit geringerer Wahrscheinlichkeit kaufen, als engagiertere Nutzer:innen, die ein aktives Interesse auf die Seite bringt. Die schlechte Nachricht ist: Ja, Sie können Traffic aufgrund Ihres Consent-Banners verlieren. Es ist anhand unserer bisherigen Erfahrungen davon auszugehen, dass Seiten, die über Display-Kampagnen beworben wurden und so einen großen Teil des Traffics generieren, eine höhere Bounce_Rate haben werden als Seiten, die bewusst über eine Suchmaschine gesucht und gefunden oder über einen Newsletterlink aufgerufen wurden.
> Die Zahlen aus unserer täglichen Praxis geben aber Entwarnung. Bei den meisten Unternehmen liegt die Overall-Bounce-Rate nach der Einführung des Consent-Banners nur **geringfügig** über der vorherigen und nur in seltenen Fällen liegt die Differenz der Bounce-Rates vor und nach Einführung des Banners bei zehn Prozentpunkten oder höher.

Nun fragen Sie sich vermutlich, was eine gute Opt-in-Rate ist und was nicht. Diese Frage lässt sich jedoch nur sehr schwer beantworten, denn hierbei gibt es riesige Unterschiede, die von 20 % bis 95 % Opt-in-Rate variieren und von verschiedenen Faktoren abhängen. Bei der Suche nach verlässlichen Zahlen fällt auf, dass es auch vom Zeitpunkt der Erhebung abhängt, wie hoch oder niedrig die Einwilligungsraten sind. Je älter die Zahlen, desto geringer ist im Durchschnitt die Zustimmung. Da die wissenschaftlichen Studien zum Thema so früh durchgeführt wurden, dass die Nutzer:innen noch nicht so sehr wie heute an die Banner gewöhnt waren, sind die Ablehn- und Nicht-Interaktionsraten zum Teil viel höher als in unserer heutigen täglichen Praxis (z. B. Utz et al. 2019, S. 8 f.). Ein weiterer Faktor, der die Zahlen schwer interpretierbar macht, ist, dass sich die Bereitschaft zur Einwilligung natürlich pro Branche und Unternehmen massiv unterscheiden kann und dass sich Nudging, Positionierung und „Erfordernis der Interaktion" gegenseitig beeinflussen und sich nur schwer ein allgemeiner Durchschnittswert über all diese Stellschrauben hinweg nennen lässt.

Das TechMagazin *Verdure* schreibt auf seiner Website, Akzeptanzraten würden zwischen 10 % und 90 % variieren. Verdure bezieht sich in diesem Artikel auch auf Consentmanager.net, die die Raten schon auf 20–80 % eingrenzen und eine durchschnittliche Akzeptanzrate von 40–50 % angeben, sowie auf die CMP Cookiebot, die die Rate bei durchschnittlich 40 % sieht, wenn eine „nur notwendige Cookies akzeptieren"-Möglichkeit angeboten wird. Usercentrics bringt mit einer Studie aus dem April 2020 (Usercentrics 2020) noch die No-Action-Rate ins Spiel, die sie wiederum bei 30–40 % sehen, die aber (außer über Logfile-Tracking) nirgends so richtig gemessen werden kann, da dafür der Consent erforderlich wäre. Abgesehen von der No-Action-Rate liegen die Opt-in-Raten dieser Studie zufolge aber bei rund 60 % (Verdure 2020).

Damit Sie zumindest ein grobes Gefühl gewinnen können, würden wir als aktuellen übergreifenden Branchendurchschnitt eine Opt-in-Rate von 65 % oder höher sehen. Es gibt im Markt Unternehmen, die Opt-in-Raten von nahezu 100 % haben. Allerdings sind hier die Grauzonen entweder technisch bis ins Tiefschwarze ausgereizt oder das im Folgenden beschriebene „Nudging" ist zentraler Bestandteil der Gestaltungsstrategie. Das Unternehmen *Eat Smarter* beispielsweise gibt an, eine Einwilligungsquote von 95 % zu erzielen (Rose 2020). Das kann mit einem sympathischen Markenauftritt, sehr engagierten Nutzer:innen oder einfach einer guten Gestaltung zu tun haben. Bei der Betrachtung des Banners von eatsmarter.de fällt jedoch wenig überraschend auf, dass die farbliche Gestaltung durchaus als Nudging gelten kann und die Ablehnung nur über den leicht zu übersehenden Button „Einstellungen" vorzunehmen ist. Das Banner wirkt – dem

TCF 2.0-Standard entsprechend – auf beiden Ebenen eher unübersichtlich und ist auf erster Ebene halb in deutscher und halb in englischer Sprache gestaltet, was aus User-Perspektive nicht wirklich bequem ist. Gleichzeitig ist das Banner sehr ausführlich und alle Zwecke und gesetzten Cookies sind gut und transparent für diejenigen einsehbar, die sich die Mühe machen und sich mit den beiden Ebenen des Consent-Banners auseinandersetzen.

Rechtlich ist ein solches Vorgehen wie bei eatsmarter.de vertretbar und wegen TCF 2.0 ja in Teilen sogar geboten. Ob Sie es als Ideallösung sehen und in ähnlicher Weise auch bei sich umsetzen möchten, werden Sie vermutlich gemeinsam mit Ihrer Rechtsabteilung entscheiden müssen.

6.2 Macro-Consent vs. Micro-Consent (Contextual Opt-in)

Wenn Sie oder wir davon sprechen, die Opt-in-Raten beim Consent zu optimieren, denken wir in der Regel sofort an die Cookie-Banner, die auf der ersten Landingpage der besuchten Website auftauchen. Diese fragen uns in den meisten Fällen, ob wir nur notwendige Cookies akzeptieren wollen, ob wir allem zustimmen möchten oder ob wir vielleicht Lust hätten, tief in das granulare und hochindividualisierbare Cookie-Consent-Management einzusteigen und auf einer weiteren Seite detailliert einzustellen, welche Cookies wir denn gerne hätten – die einen ins Töpfchen, die anderen ins Kröpfchen. Die Wahrheit ist leider: Fast niemand hat Lust darauf, wirklich tief einzusteigen, sodass in der Regel einer der beiden großen initialen Buttons gewählt wird und – „the winner takes it all" – wir entweder einen globalen Consent oder die Ablehnung aller technisch nicht notwendigen Cookies erhalten.

Sind mit dem anfänglichen Opt-out für diese Session oder für die nächste Woche also jegliche Marketing-Daten dieses Users verloren? Mitnichten!

Ein Beispiel: Haben Sie eine Krankenkassen-App? Dann haben Sie sich vermutlich auch schon einmal gewundert, warum Ihre App Sie bei der Installation fragt, ob sie auf Ihre Smartphone-Kamera zugreifen darf. Und wir würden mit relativ hoher Sicherheit davon ausgehen, dass Sie dem Zugriff nicht zugestimmt haben. Was will Ihre Krankenkassen-App schließlich mit Ihrer Handykamera? Wenn Sie die App aber nutzen, stellen Sie vielleicht fest, dass Sie auch Ihre Krankmeldung in der App hochladen können. Die Vorstellung, die physische Krankmeldung auf Papier nun zu scannen und per Mail an Ihr Mobiltelefon zu schicken, um das PDF in Ihrer App hochzuladen, wirkt jedoch erstaunlich unattraktiv gegenüber der Möglichkeit, einfach ein Handyfoto davon zu machen. Werden Sie an dieser Stelle der App zustimmen, dass Sie auf Ihre Kamera zugreifen darf? Na klar! Und so funktioniert es auch mit Macro- und Micro-Consent (Greiner und Linz 2020).

> **Definition Macro- und Micro-Consent/Contextual Consent**
> Unter Macro-Consent verstehen wir den globalen, initialen, umfassenden Consent, den man auf der ersten Landingpage geben kann.
> Mit Micro- oder Contextual Consent ist eine ganz spezifische Zustimmung gemeint, die an einem „Point of Consent" dann abgefragt wird, wenn sie wirklich relevant ist und meist mit einer klaren Mehrwertkommunikation einhergeht.

Sie haben gar keine Krankenkassen-App? Macht nichts, wir haben ein weiteres Beispiel aus der Praxis:

Die Nachrichtenseite *Der Spiegel* holt Ihre Zustimmung ein, wenn sie die eigene Berichterstattung beispielsweise durch Fremdinhalte von Twitter ergänzen will. Das ist für Ihr Leseerlebnis kein notwendiger Content, lässt aber auch authentische Stimmen zu Wort kommen, die Sie im Zusammenhang mit dem aufgerufenen Artikel interessieren könnten. Daher können Sie an dieser Stelle entscheiden, ob Sie den Twitter-Content angezeigt bekommen möchten – zu dem Preis, dass Ihre personenbezogenen Daten an „Drittplattformen übermittelt werden" (Abb. 6.1).

Das sind schöne und nachvollziehbare Beispiele, aber natürlich betreiben Sie nicht alle eine Nachrichtenplattform oder eine Krankenkassen-App. Welche Möglichkeiten gibt es also für Sie mit Ihren ganz unterschiedlichen Unternehmen, Ihre Nutzer:innen vom

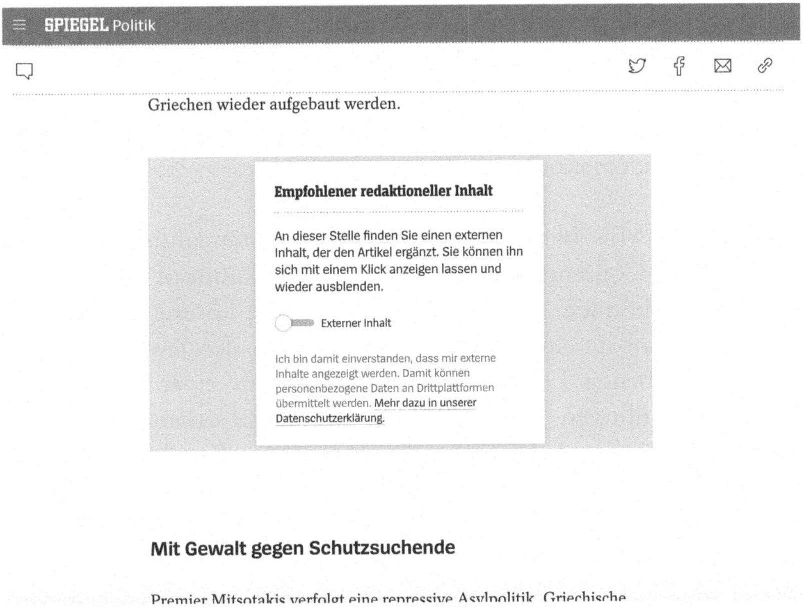

6 Bannergestaltung, Opt-in-Optimierung und A/B-Testing

Abb. 6.1 Micro-Consent-Banner auf Spiegel.de (Stand September 2020)

Micro-Consent zu überzeugen und dadurch doch noch Daten zu erheben, die eigentlich schon verloren geglaubt waren?

Folgende Mehrwerte könnten durch den zusätzlichen Micro-Consent an den relevanten Points of Consent kommuniziert und erbracht werden:

- Abspeichern von mehrfach erforderlichen Eingaben zur Steigerung der Convenience für die Nutzer:innen (z. B. Standorte in Onsite-Search-Elementen)
- Abspeichern wiederholter Filterauswahlen zur Steigerung der User Experience (z. B. Größenangaben in Shops)
- Aktivierung einer gewünschten Personalisierung (z. B. in Mediatheken, anderen Streamingdiensten oder Shops)
- Abruf von Empfehlungen als Service-Mehrwert (z. B. komplementäre Produktvorschläge)

- E-Mail-Benachrichtigungen (z. B. über Warenverfügbarkeit, um wiederholte erfolglose Shopbesuche zu ersparen)
- Replenishment-Notifications (automatische Erinnerungen, Produkte nachzubestellen, die nach einer bestimmten Zeit aufgebraucht sind, wie Gesichtscremes oder Medikamente)

Die meisten CMPs bieten derzeit noch keine standardisierte Lösung an, wie Micro-Consents an den verschiedenen Points of Consent eingeholt werden können. Die derzeit praktikabelste Lösung ist daher der individuelle Einbau einer Consent-Abfrage auf der jeweiligen Seite. Die dort erhobenen Daten müssen dann mittels einer Schnittstelle/API mit den übrigen Consent-Daten der CMP zusammengebracht werden. Die Tendenz bei CMPs geht aber dahin, dass durch ein SDK Standards für die Einholung von Micro-Consents etabliert werden. Entscheidend ist, dass die CMP alle Informationen, die über die Schnittstelle vom individuellen Point of Consent kommen, auch umsetzt. Das bedeutet, dass wenn auf einer Seite ein Micro-Consent gegeben wird, diese Information auch an die jeweiligen Empfänger, wie das Tag-Management-System, weitergegeben werden muss.

6.3 Die Stellschrauben der Gestaltung und Optimierung

Der Gestaltungsprozess beginnt bereits mit der Auswahl der geeigneten CMP. Wie viel Customization ist möglich und wie viel Vorlage kann das Tool bieten? Spart man an Designaufwänden und bedient sich einer Out-of-the-box-Lösung? Die Möglichkeiten sind vielfältig. Grundsätzlich würden wir bis auf in wenigen Ausnahmen von der Out-of-the-box-Lösung abraten, da Sie nicht vergessen dürfen, dass das Consent-Banner auch eine zentrale Funktion erfüllt, die wir bisher noch wenig beachtet haben: Es ist in der Regel die erste Interaktion Ihrer Nutzer:innen mit Ihrer Website und damit auch ein Aushängeschild, das entweder positiv auf Ihre Markenwahrnehmung einzahlt oder steril und bürokratisch oder sogar wenig vertrauensvoll wirkt (z. B. aufgrund von Rechtschreibfehlern) und dadurch der Consent vielleicht sogar verweigert wird.

Obwohl die Anforderungen an die jeweilige gestalterische und rechtliche beziehungsweise TCF-konforme Umsetzung individuell verschieden sein können, gibt es ein paar allgemeingültige Stellschrauben, die Sie sich ansehen sollten, bevor Sie Ihr Banner entwerfen oder Ihre Consent-Rate optimieren wollen. Gemäß dem Motto: „Gut gestaltet ist schon halb optimiert" gelten die unten beschriebenen Insights schon beim initialen Gestaltungsprozess und können Ihnen bei der Optimierung viel Zeit und Mühe ersparen.

6.3.1 Nachjustieren bei der Cookie Clusterung

Laut einer Usercentrics-Studie vom April 2020 (Usercentrics 2020, S. 5) interagieren die meisten Nutzer:innen (97,82 %) ausschließlich mit der ersten Banner-Ebene (First Layer) und nehmen kaum granulare Einstellungen und Anpassungen in den Privacy Settings vor (<3 %). Da sich dies aber von Unternehmen zu Unternehmen und von Banner zu Banner unterscheidet, können wir hier kaum pauschale Einschätzungen geben. Ein sinnvolles Hinterfragen und gegebenenfalls Anpassen der bestehenden Gruppierung, inklusive Zuweisung und Benennung, kann Ihre Datengrundlage jedoch verbessern.

Wenn Sie Ihre CMP bereits im Einsatz haben, kennen Sie natürlich auch erste Opt-in-Raten und sehen, wie viele Nutzer:innen auf Ihrer Seite nicht die binäre Entscheidung („Alles akzeptieren" oder „Alles ablehnen") treffen, sondern eine granulare Einstellung vornehmen. Gegebenenfalls fällt Ihnen bei der Durchsicht der Cookies auch auf, welche Sie eigentlich gar nicht mehr setzen müssten, da die Daten ohnehin nicht benötigt werden. Dann sollten Sie diesen Cookie auch nicht mehr setzen und aus Ihrem Cookie-Konzept löschen.

Möglicherweise fällt Ihnen in den ersten Wochen mit einer CMP aber auch auf, welche Daten Sie schmerzlich vermissen. In diesem Fall raten wir Ihnen zu einer kritischen Durchsicht Ihrer Cookie-Clusterung gemeinsam mit Ihrer Rechtsabteilung – vor allem dann, wenn Ihre Nutzer:innen durchaus differenzierte Entscheidungen auf granularer Ebene treffen. In diesem Fall kann es hilfreich sein, dass Sie die einzelne Marketingtechnologie, deren Daten Ihnen besonders fehlen, noch einmal genauer unter die Lupe nehmen und sich fragen, ob die Technologie wirklich bei „Marketing" aufgeführt werden muss oder ob sie sich nicht vielleicht doch bei „Analytics/Statistik" oder vielleicht sogar bei „Funktional" unterbringen lässt, wenn der Zweck und Ihr Geschäftsmodell diese Rechtfertigung hergeben. Je nach eingesetzten Technologien und Ihren Cluster-Kategorien könnten Sie auch überlegen, ob das Cluster wirklich „Marketing" heißen muss oder ob „Personalisierung" nicht etwas weicher, sinnvoller und sympathischer für die Nutzer:innen klingt.

Durch die strengeren Vorgaben an die Kategorisierung durch TCF 2.0 ist beim Nachjustieren der Clusterung nicht mehr so viel Potenzial für Optimierung gegeben. Vielmehr sollte man sich dann überlegen, wie man für die ein oder andere Technologie einen Micro-Consent sinnvoll einholen kann oder ob gegebenenfalls die Rechtsgrundlage angepasst werden kann, hin zum berechtigten Interesse.

6.3.2 Frequenz und Speicherdauern

Wie in vielen anderen Bereichen des Online-Marketings, vor allem beim E-Mail-Marketing, stellt sich immer wieder die Gretchenfrage nach der optimalen Frequenz. Wie oft soll man also die Nutzer:innen der Website nach ihrer Einwilligung zur Datenerhebung und -speicherung fragen? Weder die DSGVO noch die ePrivacy-Verordnung machen bisher stichhaltige Angaben zur optimalen Speicherdauer von Opt-in- oder Opt-out-Cookies, die damit natürlich zusammenhängt. Wir erinnern uns kurz: Beim Besuch einer Website wird abgefragt, ob es hierzu schon einen vorhandenen Opt-in- oder Opt-out-Cookie gibt. Ist das nicht der Fall, wird das Banner (erneut) angezeigt. Die Frequenz, mit der ein Website-User das Banner erneut angezeigt bekommt, hängt also vom Ablaufdatum ab, das in den Opt-in- oder Opt-out-Cookies hinterlegt ist und lässt sich darüber steuern.

In der Praxis haben sich Opt-out-Speicherdauern von 24 h bis sieben Tagen als üblich gezeigt. Das würde bedeuten, dass ein:e Nutzer:in, die ihre Einwilligung nicht erteilt, nach dieser Zeit wieder gefragt wird, ob sie nicht vielleicht doch möchte. Es gibt aber Firmen, die auch die Opt-out-Speicherdauern wesentlich länger setzen. Rechtlich ist das nicht erforderlich und aus Marketing-Sicht nicht ratsam, kann aber ebenfalls als Instrument der Vertrauensbildung gesehen werden und auf die Markenidentität einzahlen, vor allem wenn es gut kommuniziert wird.

Die Opt-in-Speicherdauern sind nachvollziehbarerweise länger gewählt, damit die gegebene Einwilligung möglichst lange Bestand hat. Da bei Änderungen der gesetzten Cookies oder der Zwecke der Datenerhebung eine erneute Einwilligung ohnehin erforderlich ist, ist eine Speicherdauer von 6 Monaten bis zu einem Jahr inzwischen Best Practice und eine vernünftige Zeit, die man in der Datenschutzerklärung so auch guten Gewissens angeben kann. Kürzere Speicherdauern und regelmäßiges Nachfragen erhöhen natürlich die Transparenz und wirken vertrauensbildend, da der Nutzer:innenwille unmittelbarer berücksichtigt scheint. Sie können aber zur Folge haben, dass damit bereits gegebener Consent widerrufen wird und die Nutzer:innen von den Bannern vielleicht sogar genervt sind. Diese Abwägung liegt ohne konkrete rechtliche Anforderung letztlich bei Ihnen und kann gegebenenfalls nach einer Testphase auch angepasst werden.

Falls Sie jedoch Technologien anwenden, die die Einhaltung des IAB TCF 2.0-Standards erfordern, sind die Speicherdauern auf 13 Monate begrenzt (IAB 2020). Damit ist es auch insgesamt empfehlenswert, die Speicherdauer auf unter 13 Monate festzulegen und diese Vorgabe des IAB als Richtmaß zu verwenden.

Auch beim CCPA gibt es eine Besonderheit zu beachten: Wenn kalifornische Nutzer:innen von ihrem Recht auf Opt-out Gebrauch machen, müssen Sie als Unternehmen dem Wunsch 12 Monate lang nachkommen, bevor Sie die Nutzer:innen erneut zum Opt-in auffordern dürfen.

6.3.3 Wall vs. Banner und Positionierung

Die größte Gefahr für Ihre Opt-in-Rate geht in der Regel nicht von einem Ablehnen-Button aus, sondern von der Möglichkeit, das Banner zu schließen oder zu ignorieren, ohne abgelehnt oder zugestimmt zu haben. Diese sogenannte **No-Action-Rate** liegt laut einer Studie aus dem Jahr 2019 bei ungünstigster Positionierung des Banners (oben in der Mitte) bei knapp 98 % und immer noch bei 65,7 % bei günstigster Positionierung (unten links) (Utz et al. 2019, S. 8). Damit ist offensichtlich, dass sich die Möglichkeit, das Banner einfach wegzuklicken oder es zu ignorieren, massiv auf Ihre Datengrundlage auswirken wird. Um dieses Problem zu umgehen, können Sie sich natürlich überlegen, eine „softe" Privacy Wall einzusetzen oder Sie testen verschiedene Gestaltungen und Positionen des Banners. Eine softe Privacy Wall kann eine **binäre Auswahl** zulassen, aber die Nutzer:innen zur **Interaktion zwingen,** indem sich die Website ohne Interaktion nicht bedienen lässt. Wo Sie dieses Privacy-Wall-Banner dann platzieren, ist dementsprechend egal, allerdings empfiehlt sich hier eine **zentrale Position** aus Gründen der User-Experience.

Wenn Sie Ihren Websitebesucher:innen ermöglichen wollen, auch ohne Interaktion weiterzusurfen, hat sich **unten links** als Position für Ihr Banner bewährt, gefolgt von oben links. Die schlechtesten Opt-in-Raten hat das Banner am oberen Fensterrand, gefolgt von unten rechts (Abb. 6.2).

Bei der Positionierung in Ihrer App ist es wichtig, dass Sie auf eine gute Erreichbarkeit mit dem Daumen achten. Hier kann es hilfreich sein, den binären App-Banner im unteren Teil des Displays zu positionieren und den Ablehnen-Button über den Akzeptieren-Button zu setzen, damit es leichter fällt, mit dem Daumen zu akzeptieren als abzulehnen.

6.3.4 Wording und (Mehrwert-)Kommunikation

Paul Watzlawicks erstes pragmatisches Axiom der menschlichen Kommunikation lautet: „Man kann nicht nicht kommunizieren" (Watzlawick et al. 2017, S. 58). Und das gilt auch für Ihren Consent-Banner. Sie treten mit Ihrem Banner **immer** in ein kommunikatives Verhältnis mit Ihren Nutzer:innen. Es ist sogar eine lukrative Chance für einen guten ersten Eindruck. Möchten Sie, dass Ihre Visitenkarte

6 Bannergestaltung, Opt-in-Optimierung und A/B-Testing

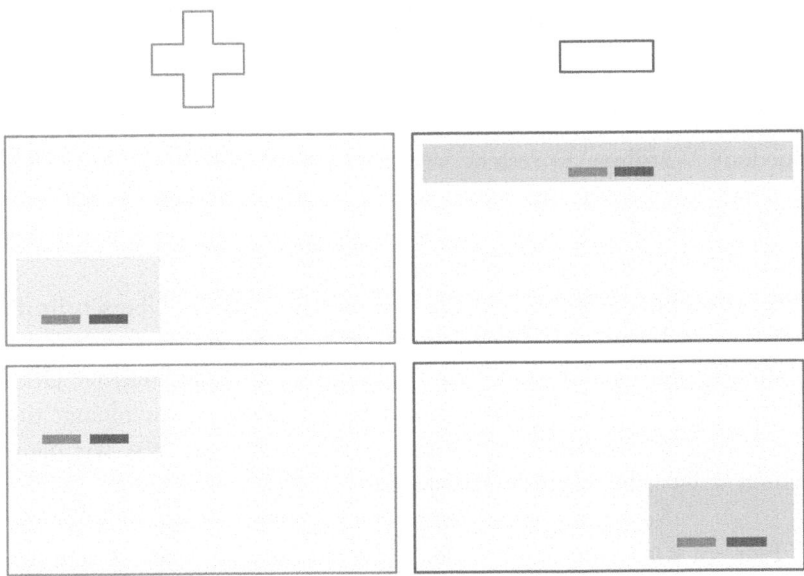

Abb. 6.2 Übersicht, welche Banner-Positionen empfohlen sind und welche nicht

steril, standardisiert, technisch und kompliziert wirkt? Nein? Dann gilt das vermutlich auch für Ihren Consent-Banner. Daher sollten Sie sich Gedanken machen, wie Sie als Unternehmen und Marke wahrgenommen werden möchten und wie Sie mit Ihrer Zielgruppe sprechen wollen. Man kann nicht pauschal vorhersagen, welche Aussage und Tonalität in Ihrem Fall am besten ankommt, da das von vielen Faktoren abhängt: zum Beispiel, wie alt oder jung die Zielgruppe ist, wie ernst oder locker das Thema ist oder welche Kommunikation Ihre Kunde:innen von Ihrer Marke gewohnt sind. Dabei geht es gar nicht so sehr um die Beschreibung der Nutzungszwecke für die einzelnen Cookies (diese Passagen sind tatsächlich meist technisch und standardisiert), sondern vielmehr um ein stimmiges Gesamtbild auf den Bannerebenen, auf denen Ihre Nutzer:innen wirklich mit dem Banner interagieren.

Vermutlich werden Sie ein paar Textanläufe nehmen und im Idealfall lassen Sie auch andere Menschen, die nicht in Ihrer Firma arbeiten, einmal einen kritischen Blick darauf werfen, um ehrliches Feedback einzuholen. Alternativ können Sie sich externe Expert:innen dazuholen, die Sie entweder in Form von Workshops bei der Gestaltung unterstützen oder das Texten für Sie übernehmen. Es lohnt sich auch, verschiedene Wordings zu testen. Vorab lässt sich schlecht sagen, welche Botschaft am besten ankommt. Am Ende des Tests kennen Sie dann die für Sie ideale Kommunikationsbotschaft, die mitunter einen großen Unterschied bei der Opt-in-Rate machen kann (Abb. 6.3).

Naheliegenderweise beginnt das Thema schon bei der Überschrift des Banners. Ein kreatives Paradebeispiel hierfür ist Zalando:

Wie hier bei Zalando zu sehen, bietet es sich an, eine knackige Überschrift zu wählen, die bereits mit Ihrem Produkt zusammenhängt und Ihre Marke gewitzt und sympathisch erscheinen lässt. Was wir damit meinen, zeigen die folgenden Beispiele:

- „Erst ein Klick und dann Surfen" (für ein Reisebüro oder Buchungsportal)
- „Bei uns ist Datenschutz ganz nach Ihrem Geschmack" (geht für alles in den Bereichen Food und Gastronomie, aber auch für Mode)

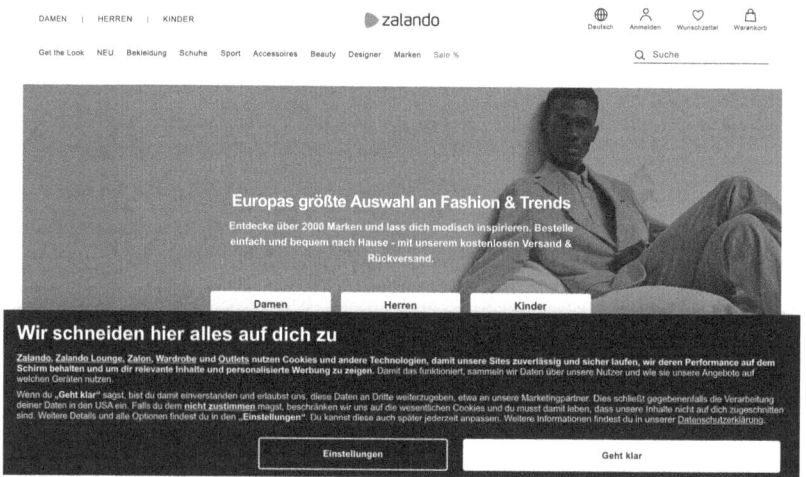

Abb. 6.3 Consent-Banner auf zalando.de (Stand September 2020)

- „Sauberer Datenschutz mit einem Klick" (für Reinigungsmittel oder Reinigungsfirmen)
- „Erst klicken, dann kicken" (für Fußballvereine oder Sportartikel)
- „Datenschutz ohne Haken" (für Angelbedarf)
- „Wir schreiben Datenschutz groß!" (für Lektor:innen und Schulen)
- „Wir beobachten nur mit Ihrer Zustimmung" (für Detekteien)
- „Eine Frage der Einstellung" (für Personalbüros, Parteien, NGOs)

Sie sehen, der Kreativität sind hier keine Grenzen gesetzt. Der Effekt ist es wert, ein bisschen Zeit in eine griffige Überschrift zu investieren (Abb. 6.4).

Auch Zalandos Fashion-Kolleg:innen von Esprit haben sich viel Mühe beim Texten gegeben, sogar über die Überschrift hinaus.

- Bereits die Überschrift transportiert zwei wesentliche Inhalte, die durch ein Consent-Banner vermittelt werden sollten: Sicherheit („schützen") und Mehrwertkommunikation („zu deinem Vorteil"). Dass die Websitebesucher:innen geduzt werden, schafft zusätzliches Vertrauen, suggeriert Nähe und ein ohnehin freundschaftliches Verhältnis zwischen Company und Kund:in.
- Die Unterzeile betont, dass dem Unternehmen die Hände gebunden sind: Sie „müssen" Cookies auf den Endgeräten der Nutzer:innen platzieren und „empfehlen" lediglich, für das „bestmögliche Shopping-Erlebnis", auch weitere Cookies zuzulassen.
- Der erste Abschnitt beginnt mit „Hilf uns", was die Nutzer:innen einerseits noch mehr emotional involvieren soll und zum anderen die Marke sympathisch machen will. In der Psychologie spricht man hier vom „Benjamin-Franklin-Effekt". Laut diesem empfinden Menschen eher Sympathie für andere, wenn sie von diesen um Hilfe oder um einen Gefallen gebeten werden. Das funktioniert beim Networking-Event genauso wie beim Einholen von Cookie-Consent. „Wir arbeiten hart daran" erweckt einen tugendhaften Eindruck, weshalb es noch wahrscheinlicher wird, dass die Nutzer:innen tatsächlich durch Zustimmen „unterstützen", wie es später im Absatz heißt.
- Der nächste Abschnitt ist klare Mehrwertkommunikation und zwar im Plauderton: Anstatt die Nutzer:innen „vollzuspamen", sollen diese

Wir schützen deine Privatsphäre und nutzen Daten zu deinem Vorteil.

Für grundlegende Funktionen dieser Website müssen wir Cookies auf deinem Endgerät platzieren. Für das bestmögliche Shopping-Erlebnis, empfehlen wir, auch **Cookies zur Shopverbesserung** sowie **Cookies für relevanteren Content** zu erlauben. **Alle Datenschutzhinweise**.

ALLES AKZEPTIEREN

Hilf uns, den Esprit eShop noch besser zu machen!

Wir arbeiten hart daran, Dir das bestmögliche Shopping-Erlebnis zu bieten. **Du kannst uns dabei unterstützen**, indem Du erlaubst, dass wir pseudonym Nutzungsdaten erheben. Mehr Infos in der Datenschutzerklärung.

DETAILS ZEIGEN

Deine Lieblingsprodukte von überall aus per Anzeige shoppen.

Wir möchten Dich nicht voll-spammen, sondern Dir auf anderen Webseiten nur Anzeigen mit für Dich **relevanten Styles** zeigen. Über diese Anzeigen kannst Du auch von anderswo weiter shoppen, wenn Dir danach ist. Hinweis: Criteo nutzt die Services von weiteren Drittanbietern. Mehr Informationen erhältst du hier Mehr Infos in der Datenschutzerklärung.

DETAILS ZEIGEN

Bei der Suche im Web direkt die besten Produkt-Angebote sehen.

Wir arbeiten mit Suchmaschinen zusammen, die bei bestimmten Suchbegriffen Anzeigen mit passenden Esprit Produkten ausspielen. So findest du noch schneller **deine Lieblingsstyles**. Mehr Infos in der Datenschutzerklärung.

DETAILS ZEIGEN

Einfach und direkt aus Sozialen Netzwerken Shoppen

Wir arbeiten mit Sozialen Netzwerken zusammen, um Dir in deinem Feed interessanten Content und deine Lieblingsprodukte anzuzeigen. Mehr Infos in der Datenschutzerklärung.

DETAILS ZEIGEN

Persönliche Empfehlungen und Erinnerungen erhalten

Was können wir für dich tun? Lass unseren Shop die Styles und Produkte für dich raussuchen und erhalte deine ganz **persönlichen Empfehlungen** zu interessanten Produktkategorien. Mehr Infos in der Datenschutzerklärung.

DETAILS ZEIGEN

Mehr coole Funktionen im eShop dank Cookies.

Cookies sind lecker! Aber diese sind ganz besonders – sie ermöglichen Dir Zugriff auf erweiterte Funktionalitäten auf unseren Seiten oder machen Dir das Leben beim Online-Shoppen leichter. Mehr Infos in der Datenschutzerklärung.

DETAILS ZEIGEN

SPEICHERN

Abb. 6.4 Consent-Banner auf esprit.de (Stand September 2020)

nur mit den „Lieblingsprodukten" auf anderen Seiten konfrontiert werden, damit man auch „anderswo weiter shoppen" kann – völlig easy und flexibel.
- Im dritten Abschnitt geht es erstens wieder um „Arbeit" und zweitens um Vertrauensbildung. „Wir arbeiten mit Suchmaschinen zusammen" ist wohl die schönste Umschreibung für SEA-Aktivitäten, die Sie und wir je gehört haben. Der Mehrwert für die Kund:innen? Klar, das „schnelle" finden „deiner Lieblingsstyles".
- Auch mit den sozialen Netzwerken arbeitet Esprit aufopferungsvoll zusammen, damit der persönliche Feed nur mit „interessantem Content" bespielt wird. Hier findet sich auch ein Rechtschreibfehler in der Überschrift, da „Shoppen" kleingeschrieben sein müsste. Allerdings fällt dieser Fehler (wie auch das fehlende Fugen-S bei „Lieblingprodukte") hier weit weniger ins Gewicht als auf anderen Bannern, da der Text so vertrauensstiftend ist.
- „Was können wir für dich tun?" – Klar, Esprit geht's wirklich um mich, die wollen mir helfen und bieten mir an, individuelle Empfehlungen zu bekommen. Das klingt nach einem Premium-Service und verlockt zur Toggle-Betätigung.
- Durch „Mehr coole Funktionen […] dank Cookies" in Kombination mit dem nächsten Satz „Cookies sind lecker" folgt am Ende noch einmal ein Feuerwerk der Überzeugungskraft. Man fängt wirklich an, die Cookies als die kleinen Heinzelmännchen der Personalisierung zu empfinden und weiß gar nicht mehr, wie man ohne Cookies auskommen sollte. Dass Esprit nun noch an unseren Appetit und Geschmackssinn appelliert und dadurch noch mal mehr emotionales Involvement herstellt, sollte inzwischen auch Sie überzeugen, wie professionell durchkonzipiert dieses Banner gestaltet ist.

> **Lassen Sie sich inspirieren und durchschauen Sie die Strategien**
> Machen Sie den Test bei sich selbst und beobachten Sie, wie Sie bei unterschiedlichen Privacy-Bannern reagieren. Hinterfragen Sie das Wording wie soeben geschehen und hören Sie in sich, was einzelne Formulierungen in Ihnen auslösen. Bald werden Sie ein umfangreiches Repertoire an Beispielen haben und Sie können für Ihr eigenes Banner aus dem Vollen schöpfen.

Ebenfalls nicht zu unterschätzen ist die Beschriftung der Buttons, denn diese Schaltflächen werden auf jeden Fall gelesen und meist haben Sie nur Millisekunden bis die Entscheidung fällt. Je nach Einstiegstext sollten Sie sich auch hier eine Variante aussuchen, die die Tonalität des restlichen Banners trifft.

Hier sind einige kreative Möglichkeiten, „ja" zu sagen:

- Ja
- Ja, ich will
- Ich stimme zu
- Ich willige ein
- Ich akzeptiere
- Akzeptieren
- Annehmen
- Einwilligen
- Zustimmen
- Auf jeden Fall!
- Komm, gib mir die Cookies
- Wenn's denn sein muss
- Nur weil du es bist
- Na gut
- Bin dabei!
- Geht klar!
- Ist ok für mich
- O. K.

Und hier einige kreative Möglichkeiten, „nein" zu sagen:

- Nein
- Nein, danke
- Nö
- Ablehnen
- Auf keinen Fall
- Will ich nicht
- Nope
- Vielleicht beim nächsten Mal

- Gerade nicht
- Bitte nicht
- Nee, lieber nicht
- Anonym bleiben

Ganz sicher kommen Sie noch auf einige weitere kreative und charmante Ideen. Wenn Ihnen etwas Gutes einfällt, oder Sie etwas Einfallsreiches sehen, schicken Sie uns gerne eine E-Mail für die Sammlung.

> **Bitte klären Sie das Wording in jedem Fall vorab mit Ihrer Rechtsabteilung ab!**
> Auch wenn wir aktuell noch vielerorts kreative Ideen sehen, könnte das auch irgendwann zu Ende sein. Wenn ein solcher Fall einmal vor Gericht landet, könnte es strittig sein, ob man durch „Geht klar!" oder ähnlich Lockeres eine rechtsverbindliche Einwilligung geben kann. Der Gesetzgeber äußert sich in seinem Hauptpapier zur Einwilligung recht deutlich: „Die Einverständniserklärung muss als solche bezeichnet werden. Formulierungen wie „Ich weiß, dass..." entsprechen nicht dem Erfordernis einer klaren Sprache." (Article 29 Data Protection Working Party 2018).
> Und nicht vergessen: Die Freiheit des Wordings wird auch durch das TCF 2.0 eingeschränkt. Schauen Sie sich zuerst die Bedingungen des TCF an, bevor Sie Ihrer Kreativität freien Lauf lassen.

Während Sie das richtige Wording suchen, können Sie auch im Hinterkopf behalten, dass Bilder oft mehr sagen als Worte. Haben Sie mal darüber nachgedacht, treffende Icons in Ihrem Banner zu verwenden? Sie können emotional mehr involvieren und komplexe Texte visuell etwas verständlicher machen (Kettner et al. 2020, S. 74). Inzwischen gibt es eine ganze Bandbreite an verfügbaren Icons, aus denen Sie wählen können. Eventuell fallen Ihnen ja beim Texten direkt Icons ein, die Ihren Gedanken unterstützen können. Aber seien Sie vorsichtig: Bilder sollten den Text lediglich veranschaulichen. Sie können ihn keineswegs ersetzen. Ein gelungenes Beispiel, wie Icons helfen können, die textlichen Inhalte verständlich zu machen, haben wir bei here.com gefunden (Abb. 6.5).

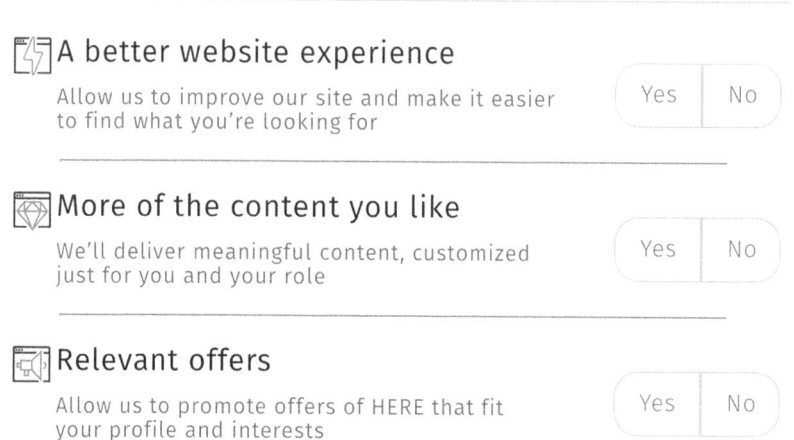

Abb. 6.5 Consent-Banner auf here.com

6.3.5 Farbpsychologie

Der Haupteindruck Ihres Consent-Banners setzt sich aus der Größe und Positionierung sowie der Farbgestaltung zusammen. Inzwischen sind die Internetnutzer:innen so sehr mit den Bannern vertraut, dass der Text unter Umständen gar nicht gelesen wird und man als User nur noch auf der Suche ist, wo man schnell klicken kann, um der „Belästigung" durch das Banner zu entfliehen.

Mit Farbgestaltung lässt sich daher mehr beeinflussen, als man meint. Sich in Farbpsychologie einzulesen, kann definitiv nicht schaden und ist auch hilfreich, wenn man Präsentationen oder andere Marketing-Dokumente erstellt. Grundsätzlich sollten Sie sich entscheiden, ob das Farbkonzept des Cookie-Banners Ihrer Corporate Identity, also

6 Bannergestaltung, Opt-in-Optimierung und A/B-Testing

den Standardfarben Ihres Unternehmens, entsprechen soll. Dafür spricht, dass Kund:innen, die Ihrer Marke bereits vertrauen, bei exakt diesem Gefühl abgeholt werden und Ihnen vermutlich leichter die Zustimmung erteilen, ihre Daten zu verarbeiten. Wenn Firmen dasselbe Banner jedoch über mehrere Domains und Brands hinweg einsetzen wollen oder das Consent-Banner so unemotional wie möglich erscheinen soll, um die Seriosität beim Datenschutz zu unterstreichen, bietet sich ein Banner in neutraleren Farben an.

Leider gibt es keine „One-size-fits-all"-Lösung für die Farbgestaltung, da die ideale Farbwahl von Ihrer Marke, von der Position auf Ihrer Webseite, der Farbigkeit der restlichen Webseite, aber auch von Ihrem Produkt und Ihrer Zielgruppe abhängt. Dennoch gibt es ein paar Dinge, die Sie bei der Gestaltung des Banners beachten sollten:

Die Sozialwissenschaftlerin Eva Heller hat in ihrem 1989 erschienen Standardwerk „Wie Farben Wirken" (Heller 1989) erhoben, welche Farben Menschen bestimmten Gefühlen und Eigenschaften zuordnen. In der Auflage aus dem Jahr 2000 (Heller 2000) wurde die Erhebung noch einmal aktualisiert. Das ist inzwischen zwar auch schon ein bisschen her, allerdings können die Zahlen als Orientierung noch immer gut dienen. Die für Sie im Bereich Consent Management vermutlich spannendsten Kategorien wollen wir Ihnen daher an die Hand geben:

Gefühl/Eigenschaft	Farbklänge und Farben, auf die mehr als 5 % der Nennungen entfielen
Die Aktivität	Rot (25 %), Orange (18 %), Gelb (18 %), Grün (15 %)
Das Angenehme	Grün (22 %), Blau (20 %), Orange (14 %), Gelb (12 %), Rosa (8 %)
Das Beruhigende	Grün (38 %), Blau (24 %), Weiß (8 %), Braun (6 %)
Die Ehrlichkeit	Weiß (33 %), Blau (22 %), Gold (16 %)
Die Erholung	Blau (28 %), Grün (25 %), Weiß (13 %), Gelb (12 %)
Die Freundlichkeit	Gelb (20 %), Blau (18 %), Rosa (13 %), Grün (12 %), Orange (12 %)
Die Gefahr	Rot (40 %), Schwarz (22 %), Orange (14 %), Gelb (14 %)
Das Gute	Weiß (42 %), Blau (18 %), Gold (15 %)
Die Sicherheit	Grün (27 %), Blau (22 %), Weiß (10 %), Braun (9 %), Gold (9 %)
Die Sympathie	Blau (25 %), Grün (18 %), Rot (13 %), Gelb (12 %), Orange (10 %)
Das Vertrauen	Blau (35 %), Grün (24 %), Gold (11 %), Gelb (11 %)

Die obenstehenden Zahlen können Ihnen helfen, wenn Sie wissen, welche Botschaft Sie mit Ihrem Banner hauptsächlich ausdrücken möchten beziehungsweise um unerwünschte Effekte zu vermeiden.

Gerade bei der Farbe Rot muss man stark abwägen. Sie steht zwar wie keine andere für Aktivität, aber auch für Gefahr. Wird ein roter „Störfaktor" im Sichtfeld wahrgenommen, blicken die Nutzer:innen automatisch dorthin und werden dann vermutlich auch mit Ihrem Banner interagieren. Damit bietet sich diese Lösung vor allem an, wenn Sie sich für ein kleines Banner und nicht für eine Privacy Wall entscheiden. Da Sie dann vor allem der „No-Action"-Rate entgegenwirken, kann sich ein Banner in Signalfarben durchaus bewähren. Sie sollten es jedoch vermeiden, Buttons rot einzufärben: Wenn Sie den Annehmen-Button rot färben, wird sich dort kaum jemand klicken trauen, und wenn Sie den Ablehnen-Button rot einfärben, lenken Sie die gesamte Aufmerksamkeit genau dahin, wo Sie sie eigentlich nicht brauchen können.

Wenn Sie sich für eine Privacy Wall oder ein sehr großes zentrales Banner entscheiden, geht es weniger darum, überhaupt Aufmerksamkeit zu bekommen, sondern vielmehr darum, das Vertrauen Ihrer Nutzer:innen zu gewinnen und sie davon zu überzeugen, einer Datenverarbeitung zuzustimmen. Daher sollten Sie in diesem Fall eher mit den Farben Blau und Grün arbeiten. Da Blau die Lieblingsfarbe der meisten Menschen ist und Blau auch einen seriösen Charakter hat, kann dies die Farbe Ihrer Wahl sein, wenn Sie auf Sympathie und Freundlichkeit abzielen. Wollen Sie bei Ihren Nutzer:innen vor allem an deren Sicherheitsbedürfnis appellieren und ihnen ein gutes Gefühl geben, dann sollten Sie eher grün wählen. Das hängt auch von Ihrem Produkt ab und wie heikel die Nutzer:innen in diesem Fall die Datenerhebung finden könnten. Im Bereich *Fashion* ist die Sympathie sicher sehr wichtig und das Sicherheitsbedürfnis weniger groß als beispielsweise bei einer Online-Apotheke, wo es genau andersherum ist.

Um die ideale Farbgebung für Ihr Consent-Banner und Ihre Nutzer:innen zu finden, werden Sie sicher ein bisschen herumprobieren müssen. Hier bieten sich entweder Nutzungstests an oder das weiter unten beschriebene A/B-Testing im Live-Betrieb. Obwohl es pauschal niemals auf alle Ihre Anwendungsfälle und CI-Vorgaben zutreffen

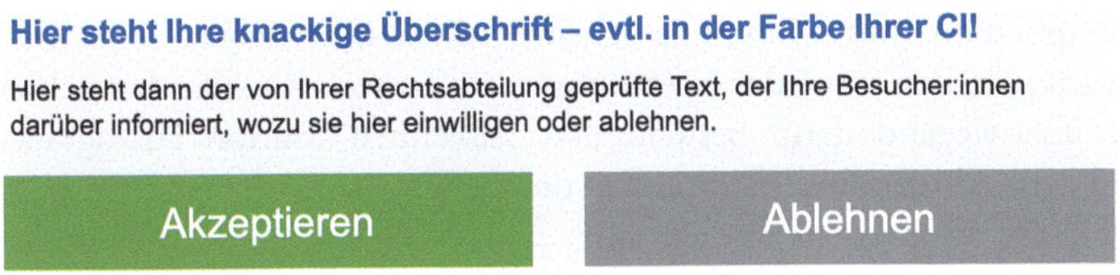

> **Hier steht Ihre knackige Überschrift – evtl. in der Farbe Ihrer CI!**
> Hier steht dann der von Ihrer Rechtsabteilung geprüfte Text, der Ihre Besucher:innen darüber informiert, wozu sie hier einwilligen oder ablehnen.
>
> | **Akzeptieren** | **Ablehnen** |

Abb. 6.6 Empfohlene Standard-Farbgestaltung

kann, würden wir die folgende Farbgebung zumindest als ersten Schritt empfehlen (Abb. 6.6).

> **Farb-Empfehlungen für den Consent-Banner**
> Grundtöne: Blau- oder Grauton mit geringer Sättigung und dunkleren Akzenten
> Akzeptieren-Button: kräftiges Grün mit weißer Schrift
> Ablehnen-Button: ausgegraut mit geringem Kontrast

> Literaturtipp Die oben beschriebenen Erkenntnisse von Eva Heller hat Stefanie Bartel in die Welt des WebDesigns übertragen und mit „Farben im Webdesign" ebenfalls ein lesenswertes Standardwerk geliefert, das die Farben ausführlich in der Anwendung interpretiert und Sie in vielerlei Hinsicht inspirieren kann (Bartel 2003). Leider war das Thema Consent damals noch nicht in Sichtweite, sodass sich dazu keine expliziten Gestaltungsanweisungen finden.

6.3.6 Nudging

Das sogenannte „Nudging", von englisch „to nudge" (= sanft schubsen), ist eigentlich ein Begriff der Verhaltensökonomik, geprägt vom Wirtschaftswissenschaftler Richard Thaler und dem Rechtswissenschaftler Cass Sunstein. Zusammen verfassten sie im Jahr 2008 das bis heute gültige Standardwerk zu diesem Thema (Thaler und Sunstein 2019). Inzwischen hat sich der Begriff jedoch von der Verhaltensökonomik emanzipiert und ist zu einem berühmt-berüchtigten Buzzword der Marketingkommunikation geworden. Der Vorwurf der

Manipulation und Täuschung scheint jedoch übertrieben, wenn man die gängige Praxis bei der Gestaltung von Consent-Bannern betrachtet, die überwiegend darin besteht, den „Ablehnen"-Button auszugrauen und den „Akzeptieren"-Button hervorzuheben.

Häufig werden zusammen mit dem Nudging, und insbesondere hinsichtlich des UI/UX-Designs, auch sogenannte „Dark Patterns" erwähnt. Die Unterscheidung zwischen Nudging und Dark Patterns liegt vor allem im Grad der Manipulation und dem Druck, mit dem eine bestimmte Handlung bei den Nutzer:innen ausgelöst werden soll. Im Bereich der Cookie-Einwilligung könnten Dark Patterns auf verschiedene Weise genutzt werden. Ist beispielsweise kein Consent gegeben, könnten die Websitebesucher:innen durch verschiedene Notifications darauf aufmerksam gemacht werden, dass sie ihre Einstellungen noch einmal überdenken sollen. Das kann über sogenannte „Meatball Notifications" erfolgen, die einen kleinen roten Kreis an geeigneter Stelle erscheinen lassen. Unsere Gehirne sind durch die Signale von Mailprogrammen oder durch Instagram-Benachrichtigungen so sehr auf diese roten Kreise trainiert, meist auch positiv konnotiert, dass wir das Bedürfnis empfinden, zu handeln und zu klicken. Die Wahrscheinlichkeit, dass man dann eine andere Auswahl als zuvor trifft, steigt, da dies dem „Handlungsimpuls" entspricht. Eine zweite Möglichkeit für Dark Patterns sind sogenannte „Roach Motels": Design, das darauf angelegt ist, einen Opt-in einfach zu gestalten und einen Opt-out schwieriger. Die DSGVO ist hier sehr deutlich und verlangt, dass beides gleich einfach möglich sein muss (Art. 7 Abs. 3 S. 4 DSGVO). Durch einen Klick auf Impressum/Datenschutzerklärung, was von jeder Webseite aus zugänglich sein sollte, sollte man auch auf die Einstellungen zum Consent Management kommen. Aus rechtlicher Sicht dürfte ein Opt-out mit zwei Klicks als „einfach" durchgehen.

Während wir von Dark Patterns grundsätzlich abraten würden, ist ein leichtes Nudging aus unserer praxisorientierten Sicht durchaus möglich und noch rechtskonform. Obwohl es Gegenstimmen gibt, wie zum Beispiel die irische Datenschutzbehörde (dataprotection 2020, S. 9), gibt es juristisch derzeit keinen Grund, auf angemessenes Nudging, also das Anregen einer bestimmten Entscheidung, bei der Gestaltung der

6 Bannergestaltung, Opt-in-Optimierung und A/B-Testing

Cookie-Banner zu verzichten.[1] Dies kann durch Highlighting (kräftige Farben vs. Ausgrauen), Proportionen oder Farbgebung geschehen – die Grenzen sind ohnehin fließend. Menschen im 21. Jahrhundert sind permanent mit leichten Manipulationsversuchen durch Werbung konfrontiert, bei der die Möglichkeiten der Informiertheit weit unter denen einer freiwilligen Cookie-Einwilligung liegen. Wenn wir den Nutzer:innen einer Website also zugestehen, auch dann eine informierte Entscheidung treffen zu können, wenn ein Button „grün" ist und der andere ausgegraut – und das können wir ihnen wohl zutrauen –, dann spricht eigentlich nichts gegen eben diese Gestaltungsprinzipien. Laut einer Studie von 2019 nutzten 57,4 % aller Cookie-Banner das Interface-Design, um die Nutzer:innen hin zum Consent zu beeinflussen (Utz et al. 2019, S. 4). Inzwischen dürften es sogar noch mehr sein.

Allerdings dürfen Ihre Nudging-Elemente im Banner nicht in den Bereich der Täuschung oder deutlichen Manipulation fallen. Das kann nämlich nicht nur rechtliche Konsequenzen haben, sondern sorgt auch für ein negatives Image für Ihr Unternehmen und Ihre Marke, wenn sich Ihre Kund:innen hinters Licht geführt fühlen.

Ein Paradebeispiel für das Thema Nudging ist das Banner der Lufthansa, das in zahlreichen Artikeln, Foren und Podcasts diskutiert wurde. Hier finden sich gleich zwei Formen des Nudgings – optisch und verbal. Der Ablehnen-Button tritt in den Hintergrund, da der Annehmen-Button durch leuchtendes Orange hervorgehoben ist und die Aufmerksamkeit der Nutzer:innen sofort auf sich zieht – so weit, so normal. Wenn Sie sich das Beispiel aber genauer ansehen, wird Ihnen auffallen, dass die Buttons gar nicht mit „Annehmen" oder „Ablehnen" gekennzeichnet sind, was zur zweiten Form des Nudgings führt: Das geschickt gewählte Wording kann selbst findige Nutzer:innen kurzzeitig täuschen. Wenn Sie als Website-Besucher:in das Banner sehen und sich nicht weiter mit dem Thema befassen wollen, sucht Ihr Blick

---

[1] Ob Nudging beim Einholen von Consent irgendwann komplett verboten wird, können wir noch nicht absehen. In Frankreich und DäneHinweise Verlag/Setzerei: mark verfährt man bereits heute nach der Devise, dass der Akzeptieren- und der Ablehnen-Button gleich gestaltet sein sollten.

Cookie-Einstellungen

Wir verwenden Cookies, um Ihnen ein optimales Webseiten-Erlebnis zu bieten. Dazu zählen Cookies, die für den Betrieb der Seite und für die Steuerung unserer kommerziellen Unternehmensziele notwendig sind, sowie solche, die lediglich zu anonymen Statistikzwecken, für Komforteinstellungen oder zur Anzeige personalisierter Inhalte genutzt werden. Sie können selbst entscheiden, welche Kategorien Sie zulassen möchten. Bitte beachten Sie, dass auf Basis Ihrer Einstellungen womöglich nicht mehr alle Funktionalitäten der Seite zur Verfügung stehen. Weitere Informationen finden Sie in unseren →Datenschutzhinweisen.

☑ Notwendig ☐ Statistik ☐ Komfort ☐ Personalisierung

→Impressum

Details anzeigen ⌄

| Auswahl bestätigen | Alle auswählen |

Abb. 6.7 Lufthansa Consent-Banner (Stand Oktober 2020)

automatisch nach den Buttons. Ihr Blick fällt zunächst auf den orangefarbenen Button und wenn Sie hier nicht sofort klicken, schon alleine durch den optischen Reiz, und einen zweiten Blick zum anderen Button wagen, werden Sie dort das Wort „bestätigen" lesen, was in Ihrem Gehirn vermutlich eine Assoziation zum „Annehmen" auslöst. Aus Reflex könnte es nun sein, dass Sie – selbst wenn Sie lieber nicht zustimmen möchten – auf den anderen, den „Alle auswählen"-Button klicken, den eigentlichen Annehmen-Button. Die Verwirrung funktioniert deshalb, weil wir von anderen Seiten gewohnt sind, dass wir auf eine neue Ebene des Banners kommen und dort differenzierte Einstellungen vornehmen können, wenn irgendwo „auswählen" steht. In der Regel will das aber niemand, sondern man will einfach das Banner schnell loswerden. Daher wirkt, wenn Sie beide Buttons kurz überfliegen, der Button, der das Wort „bestätigen" enthält, attraktiver als der, der einen folgenden Auswahlvorgang suggeriert (Abb. 6.7).

6.3.7 Usability

Das Thema Usability ist natürlich so individuell zu betrachten wie Ihre Website individuell ist. Dennoch ist Usability ein entscheidender Faktor für die Consent-Rate-Optimierung. Eine einfache, intuitive Handhabung Ihrer Website stellt Ihren Nutzer:innen einerseits die gesuchten Informationen schneller und leichter zur Verfügung (Transparenz).

6 Bannergestaltung, Opt-in-Optimierung und A/B-Testing

Zum anderen wirkt sie sympathisch (Vertrauen), weil nicht der Eindruck entsteht, Sie würden durch geschickte Gestaltung der Website Inhalte verheimlichen oder die Nutzer:innen manipulieren.
Ein paar UX-Tipps hin zu besserer Usability sind übergreifend gültig:

- Denken Sie über die oben bereits angesprochenen Micro-Consents nach. Es wird die Usability erhöhen, wenn nicht auf jeder Seite nach Consent gefragt wird, sondern nur an den für die Nutzer:innen relevanten Stellen, insofern Ihre Daten-Strategie damit auskommt, von manchen Unterseiten Ihrer Webpräsenz keine Marketing- oder Nutzungs-Daten zu erhalten.
- Achten Sie bei der Bannergestaltung auf Übersichtlichkeit und ermöglichen Sie „One-Click-Optionen", damit die Nutzer:innen schnell zu den gewünschten Inhalten Ihrer Website vordringen können.
- Achten Sie auf eine schlanke und hochperformante Implementierung. Lange Ladezeiten sind Gift für die Nutzer:innen-Experience.
- Sorgen Sie dafür, dass Nutzer:innen Ihre Einstellungen schnell und einfach anpassen können und bei Bedarf intuitiv Zugriff zu weiteren Informationen erhalten.
- Je unauffälliger Ihr Banner ist, desto weniger störend wird es von Ihren Nutzer:innen wahrgenommen. Das kann aber natürlich zu weniger Zustimmungen führen. Wenn Sie diese Variante jedoch mit gut platzierten Micro-Consents kombinieren, kann das sehr vielversprechend sein.
- Verwenden Sie ein klares Wording, das die Zustimmung oder Ablehnung schnell und einfach ausführen lässt. „Ablehnen" ist einfacher als „Nur notwendige Cookies akzeptieren". Letzteres wiederum ist einfacher als „Neben den essentiellen Cookies möchte ich keine nicht-notwendigen Cookies zulassen" – Sie wissen, was wir meinen.

Die Usability Ihres Banners können Sie erhöhen, indem Sie entweder direkt bei Ihrem CMP-Anbieter oder einer implementierenden Agentur nach Best Practices und Fallstricken der Bannergestaltung fragen, indem Sie Ihre UX-Designer:innen ins Boot holen und deren Expertise abgreifen oder indem Sie – am besten gemeinsam mit einer Agentur oder Ihrer UX-Abteilung – Nutzungstests durchführen. Letztere können Ihnen aufzeigen, wo Ihre Nutzer:innen überlegen, irritiert sind oder wie Nutzer:innen intuitiv mit Ihrem Banner interagieren.

6.3.8 Incentives Opt-in und Nutzungsverweigerung

Fragen, die uns immer wieder gestellt werden, sind vor allem die folgenden beiden:

1. Kann ich einen Gutschein-Code im Gegenzug für die Einwilligung anbieten?
2. Kann ich die Nutzung meiner Website solange unterbinden, bis Consent gegeben wurde?

Wir bewegen uns hier in Graubereichen. Wenn Sie hierzu drei Datenschutzanwält:innen fragen, werden Sie vier verschiedene Antworten erhalten. Letztlich müssen Sie mit Ihrer Rechtsabteilung oder Ihren rechtlichen Berater:innen entscheiden, wie Sie diese Fragen für sich beantworten wollen. Wie bereits weiter oben in einem Infokasten zur Freiwilligkeit des Consents angegeben, vertreten wir in diesem Buch eher die strenge Ansicht, vor allem bezüglich der Nutzungsverweigerung. Allerdings wollen wir Ihnen auch Folgendes nicht vorenthalten: Die relevante Stelle bezüglich Incentivierung und Nutzungsverweigerung ist Art. 7 Abs. 4 DSGVO. Dieser Passus der DSGVO widerspricht jedoch weder explizit einer Incentivierung, noch einer Nutzungsverweigerung – insofern es sich nicht um die Erfüllung eines Vertrages handelt. Das Verteilen von Rabattgutscheinen in angemessener Höhe (bis etwa 15 € oder 15 %) sowie die Teilnahme an einem Gewinnspiel können also grundsätzlich von der Zustimmung zur Erhebung personenbezogener Daten abhängig gemacht werden (Schulz 2020), insofern kein Vertragsschluss im eigentlichen Sinne vorliegt. Das hat sich inzwischen auch als ein Best Practice etabliert und bis hierhin gilt damit auch die normative Kraft des Faktischen. Über den Fall der

Nutzungsverweigerung wird vermutlich noch so lange diskutiert, bis ein rechtskräftiges Urteil des EuGH vorliegt. Im Folgenden werden wir aber auch die Nutzungsverweigerung in ihrer praktischen Anwendung zeigen, wenn auch im Graubereich der Medienplattformen, die hier einen Sonderstatus mit etwas mehr Freiheiten einnehmen.

Incentives erst beim Re-Consent oder: Sind Sie sich ganz ganz sicher, dass Sie nicht einwilligen möchten?
Ein Beispiel für eine interessante Variante der Incentivierung findet man direkt auf der Website der CMP Usercentrics. Als eine Sonderform des sogenannten Re-Consents[2], also des nochmaligen Nachfragens, wird ein Incentive-Banner sofort nach Ablehnung ausgespielt (Abb. 6.8).

Bei Usercentrics wird das Banner direkt dazu genutzt, denen, die sich für die CMP von Usercentrics interessieren, also meistens B2B-Kunden, zu erklären, wie das Banner funktioniert und dass man diese Lösung auch auf der eigenen Seite einbauen könnte.

Consent for Content oder: Nutzungsverweigerung light
Besonders bei Nachrichtenseiten sieht man immer häufiger auch in Deutschland das sog. Freemium-Modell, das den Nutzer:innen die Entscheidung lässt, ob sie für den Besuch der Website zahlen möchten oder Werbung beziehungsweise dem Setzen von Cookies zustimmen. Sie kennen das vermutlich von Der Spiegel oder Zeit Online.

Diese Freemium-Variante stellt eine Sonderform der „Cookie Wall" oder „Privacy Wall" dar, die sich wie eine Mauer vor die Website-Inhalte stellt und nur denjenigen Besucher:innen der Seite Zugang gewährt, die ihren Consent geben (oder in diesem Fall alternativ für die Benutzung zahlen) (Abb. 6.9).

---

[2]Vom Re-Consent spricht man, wenn Kund:innen Ihnen bereits Ihre Einwilligung gegeben haben, Sie aber durch Änderungen gezwungen sind, noch einmal nachzufragen, oder wenn Sie einfach durch Penetranz versuchen, den Consent zu ergattern, indem Sie beispielsweise alle 30 min oder bei jedem Seitenbesuch nach Consent fragen.

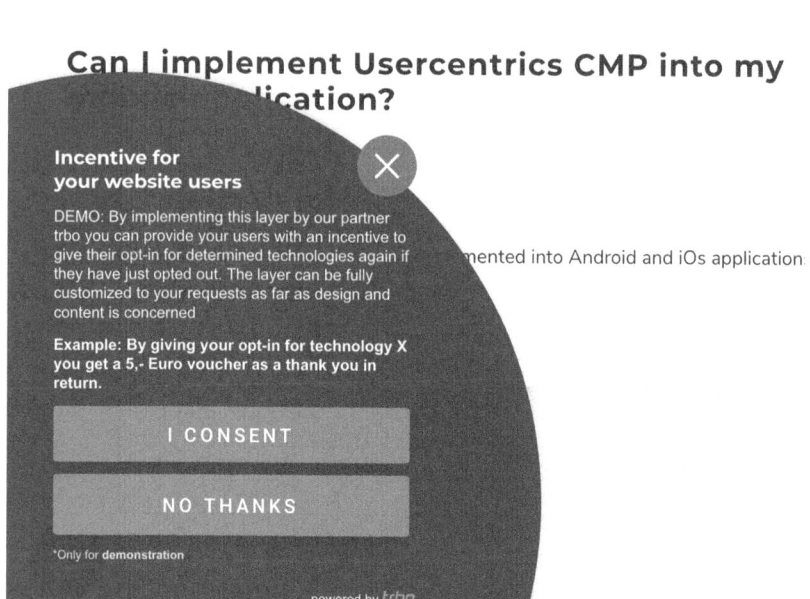

Abb. 6.8 Re-Consent-Banner auf usercentrics.com/de/ (Stand Oktober 2020)

Was hier wie das Schlaraffenland für Consent-Rate-Optimierer:innen klingt, hat durchaus Vorteile: Nach Einführung der Cookie Wall, die nur bei Zustimmung (Oder Bezahlung) den Zugang zum Content erlaubt, haben Sie natürlich entweder den monetären Vorteil oder Zugriff auf die Daten aller Websitenutzer:innen. Allerdings, und das können Sie sich vermutlich schon denken, muss diese Zahl natürlich mit der Bounce-Rate zusammen gelesen werden, also dem Anteil an Nutzer:innen, die die Seite ohne weitere Interaktion sofort wieder verlassen. Wie viele der Nutzer:innen sich von einer solchen Privacy Wall verscheuchen lassen, hängt von deren Loyalität und Vertrauen in Ihre

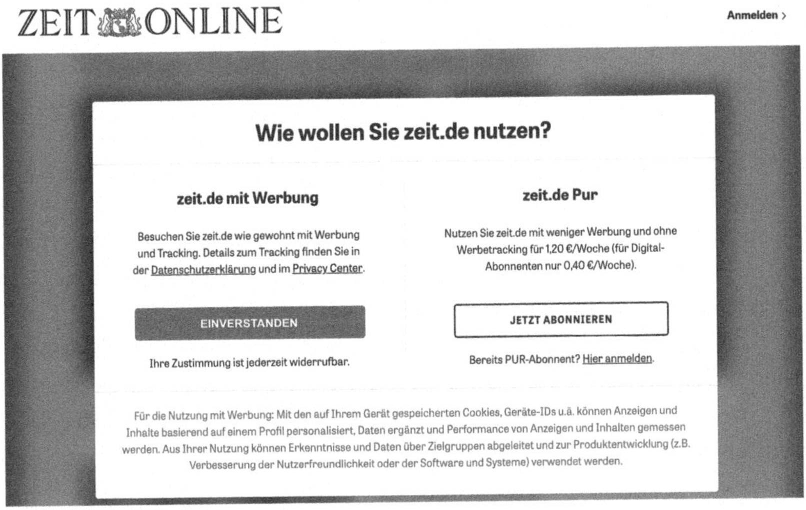

6 Bannergestaltung, Opt-in-Optimierung und A/B-Testing

Abb. 6.9 Privacy Wall in der „Freemium-Variante" auf zeit.de (Stand September 2020)

Marke ab, von Ihrem individuellen Angebot auf der Seite, aber auch von der grundlegenden Auswahlmöglichkeit: ob der Content nur durch Zustimmung angezeigt wird, ob es ein Bezahlmodell gibt oder ob man im Sinne einer „soften" Privacy Wall auch eine binäre Zustimmen-oder-Ablehnen-Entscheidung treffen kann. Laut einer von der CMP Usercentrics durchgeführten Studie aus dem April 2020 ist die Opt-in-Rate bei Privacy Walls 23 % oder 10 Prozentpunkte höher als bei einem herkömmlichen Banner (Usercentrics 2020).

Was in Ihrem speziellen Fall die beste Lösung ist, kann von Ihrem Produkt und Ihrer Zielgruppe abhängen. Ob Sie die besten Ergebnisse mit einem herkömmlichen binären Consent-Banner oder mit granularen Auswahlmöglichkeiten, mit einer „harten" (und unbedingt mit Ihrer Rechtsabteilung zu klärenden) Privacy Wall oder einer soften Privacy Wall erzielen, könnten Sie in einem A/B-Test ausprobieren. Was es zu den A/B-Tests in Bezug auf Cookie-Consent zu wissen gilt, erfahren Sie daher im nächsten Abschnitt.

6.4 A/B-Testing

6.4.1 Voraussetzungen und Hypothesenbildung

Bevor Sie verschiedene Varianten in ein A/B-Testing schicken, sollten Sie genau wissen, welche Varianten Sie wirklich testen wollen, da jeder Test natürlich Zeit und Aufwand bedeutet und Sie vor allem erfolgversprechende Varianten gegeneinander antreten lassen sollten. Um die ersten zwei Varianten zu erhalten, können Sie auf die Templates der Tool-Anbieter zurückgreifen und Texte, Farben und Positionen variieren. Alternativ kann Ihre Designabteilung oder eine Agentur Ihnen bei der Erstellung geeigneter Banner und der Auswahl der Testvarianten helfen.

Das Erstellen von Varianten im Rahmen eines Workshops, zusammen mit einer Agentur, bringt beides zusammen: einerseits Ihre Kenntnis der Marke, der Tonalität, der Zielgruppenansprache und der Nutzer:innengruppen, sowie andererseits die objektive Expertise und branchen- und unternehmensübergreifende Erfahrung der Agentur oder Beratung.

Ein Tipp aus der Praxis: Nutzen Sie die Schwarmintelligenz. Erstellen Sie Varianten, diskutieren Sie diese mit einer kleinen Gruppe und wenn Sie glauben, die beiden finalen Varianten zu haben, fragen Sie Freund:innen und Bekannte, fragen Sie Kolleg:innen oder erstellen Sie eine kleine kostenlose Online-Umfrage, die Sie an verschiedene Leute aussenden. Am besten fragen Sie besonders die Menschen nach Ihrer Einschätzung, was sie stört oder was ihnen gefällt, die möglichst wenig mit Online-Marketing am Hut haben. Dieses Feedback wird Ihnen helfen, gegebenenfalls noch einmal nachzujustieren, damit Sie wirklich gute Banner ins Rennen schicken.

Häufig wird uns die Frage gestellt, ob die Varianten möglichst weit voneinander abweichen oder ob sie sich nur in Nuancen unterscheiden sollten, damit schnell klar wird, was bei den Nutzer:innen besser ankommt. Unsere Empfehlung: Beginnen Sie mit zwei durchaus unterschiedlichen Varianten, was die Gestaltung und Farbigkeit angeht, aber nutzen Sie einen ähnlichen Text. In einem zweiten A/B-Test sollten Sie dann mit der Siegervariante zwei verschiedene Textversionen gegeneinander antreten lassen. Warum wir zu dieser Reihenfolge raten? Analysen zeigen, dass der visuelle Aspekt in der Gestaltung noch immer höher wiegt als der textliche Anteil, da die Texte meist gar nicht gelesen oder nur überflogen werden (Brückmann 2020). Daher raten wir Ihnen zu diesem Vorgehen.

6.4.2 Möglichkeiten der Durchführung und Tool-Voraussetzungen

Vermutlich führen Sie auch andere A/B-Tests im Bereich Online-Marketing durch. Sie nutzen dafür wahrscheinlich Tools wie Optimizely, AB Tasty oder das AB-Testing Kit von Hubspot und haben Mitarbeiter:innen, die damit auch gut umgehen können. Leider müssen wir Ihnen sagen, dass sich A/B-Tests bei der Consent-Optimierung nicht mit diesen Tools umsetzen lassen. Die Erklärung dafür ist einfach: Für ein A/B-Testing Tool müssen für eine saubere Auswertung Daten erhoben werden, für die Sie in Deutschland jedoch zunächst den Consent einholen müssen. Damit kann ein externes Tool einen A/B-Test erst ab dem Zeitpunkt des Consents ausspielen und ist damit nicht nutzbar. Ein möglicher Workaround bei multinationalen Unternehmen könnte sein, dass sie den A/B-Test mit A/B-Testing Tools auf ihrer französischen Website durchführen, da die französische Datenschutzbehörde A/B-Testing vom Einwilligungserfordernis entbindet (CNIL 2020). Die französischen Ergebnisse zur visuellen Gestaltung können die Unternehmen dann auf andere Länder ausrollen. Dabei gilt es aber durchaus zu beachten, dass nicht zwangsläufig in Spanien dasselbe Verhalten zu erwarten ist wie in Skandinavien, das heißt: Auch die auf Basis des Tests in Frankreich gemachten Anpassungen sollten im Nachgang durch Zahlen aus dem jeweiligen Land verifiziert und gegebenenfalls auch rückgängig gemacht werden.

Die Lösung für das Problem, dass Sie in Deutschland keine herkömmlichen A/B-Testing Tools einsetzen können, liegt in der Testumsetzung in der CMP selbst. Der A/B-Test ist dann jedoch nicht ganz methodisch sauber, sondern wird konsekutiv erfolgen, also nacheinander. Das bedeutet, dass in zeitgleichen Vergleichsphasen die Varianten nacheinander getestet werden. Zu beachten gilt, dass dabei auch zwei vergleichbare Zeiträume gewählt werden müssen. Sie sollten also nicht zwei zweiwöchige Vergleichszeiträume wählen, von denen einer im Jahreskalender stark vom anderen abweicht, also nicht etwa auf ein verlängertes Feiertagswochenende oder in den Beginn der Ferienzeit fällt. Die Testumsetzung erfolgt entweder über eine A/B-Testing-Funktionalität in Ihrer CMP oder über das Einrichten von zwei Profilen, deren jeweilige Einstellungen dann in den entsprechenden Testphasen ausgespielt werden.

6.4.3 Auswertung und Iterationen

Bei der Auswertung muss beim konsekutiven A/B-Testing auch auf äußere Umstände geachtet werden, die in einen der beiden Zeiträume gefallen sind: Kursierte in den Medien ein Datenschutzskandal, der die Nutzer:innen womöglich für erhöhten Datenschutz sensibilisierte? War die Temperatur und Wetterlage in den beiden Zeiträumen halbwegs vergleichbar, sodass davon auszugehen ist, dass auch das Verhalten der Nutzer:innen ähnlich ist und Websitebesuche durchschnittlich unter annähernd gleichen örtlichen wie psychischen Voraussetzungen stattfanden?

In jedem Fall lassen sich deutlich positive Ergebnisse mit A/B-Testing erzielen. Laut einer Usercentrics-Studie sind höhere Opt-in-Raten von bis zu 20 Prozentpunkten möglich (Usercentrics 2020, S. 6). Die Studie berichtet von einer Steigerung der Akzeptanzrate von 54,99 % auf 75,02 %. Das entspricht einer Steigerung von 39 % zusätzlicher Einwilligungen. Diese signifikante Steigerung dürfte den Einsatz von zusätzlichem Budget und Aufwand, um ein A/B-Testing aufzusetzen und durchzuführen, in jedem Fall rechtfertigen.

Grundsätzlich gilt natürlich, dass Sie Ihren Banner mit jeder A/B-Test-Iteration kontinuierlich verbessern können. Theoretisch können Sie immer weiter testen, doch ein initialer A/B-Test wird vermutlich die meisten Erkenntnisse bringen. Die zweiten und dritten Iterationen sollten, wenn die Tests gut aufgesetzt sind, jedoch schon so weit fortgeschritten sein, dass danach nur noch marginale Verbesserungen Ihrer Opt-in-Rate zu erzielen sind und sich eine Kosten-Nutzen-Rechnung für weitere Tests an dieser Stelle mit Sicherheit lohnt.

> **Ihr Transfer in die Praxis**
> - Wenn Sie bereits eine CMP implementiert haben, kontrollieren Sie Ihre Opt-in-Rate und sammeln Sie Informationen zu den Auswirkungen bei den relevanten Abteilungen, insbesondere im Hinblick auf Ihre Datenqualität.
> - Diskutieren Sie mit Ihrem Website-Team, wo und ob der Einbau von Micro-Consents sinnvoll und möglich ist.
> - Hinterfragen Sie Ihr bestehendes Banner hinsichtlich der oben genannten Optimierungsstellschrauben und kommunizieren Sie das Ergebnis mit Ihrer Rechtsabteilung, Ihrem Online-Marketing und Ihrem UX-Team.
> - Falls Sie noch kein Banner haben: Öffnen Sie Microsoft PowerPoint (o. Ä.) und erstellen Sie einen ersten Entwurf anhand der oben formulierten Gestaltungshinweise.
> - Diskutieren Sie diesen Entwurf mit Ihrer Rechtsabteilung, Ihrem Online-Marketing und Ihrem UX-Team und verbessern Sie ihn.
> - Besprechen Sie mit Ihrem Website-Team die Möglichkeiten für einen A/B-Test des Banners oder holen Sie sich dafür externe Hilfe von einer erfahrenen Agentur.
> - Entscheiden Sie in einem Workshop, in dem Sie verschiedene Power-Point-Banner-Varianten diskutieren, über die zwei ersten Test-Varianten oder entscheiden Sie auf Basis von professionelleren Entwürfen aus Ihrer Grafikabteilung (die die relevanten Abschnitte in diesem Buch ebenfalls gelesen haben sollten, vor allem bezüglich TCF) ezüglich TCF).

Literatur

Article 29 Data Protection Working Party. (2018). Opinion 15/2011 on the definition of consent. https://www.pdpjournals.com/docs/88081.pdf. Zugegriffen: 20. Sept. 2020.

Bartel, S. (2003). *Farben im Webdesign – Symbolik, Farbpsychologie, Gestaltung.* Heidelberg: Springer.

Brückmann, M. (2020). Das optimale Consent Cookie Banner im A/B-Test: Maximales Tracking trotz DSGVO. https://www.konversionskraft.de/tipps/

cookie-banner-dsgvo-konform-ab-testing.html (09.07.2020). Zugegriffen: 15. Nov. 2020.
CNIL. (2020). Sheet n°16: Use analytics on your websites and applications. https://www.cnil.fr/en/sheet-ndeg16-use-analytics-your-websites-and-applications. Zugegriffen: 10. Okt. 2020.
dataprotection. (2020). Guidance note: Cookies and other tracking technologies. https://www.dataprotection.ie/sites/default/files/uploads/2020-04/Guidance%20note%20on%20cookies%20and%20other%20tracking%20technologies.pdf. Zugegriffen: 18. Okt. 2020.
Greiner, R., & Linz, M. (2020). Kleiner Consent ganz groß – Wann die Micro-Consent-Einholung dem Macro-Consent-Banner überlegen ist (11.05.2020). *FELD M*. https://www.feld-m.de/kleiner-consent-ganz-gross-wann-die-micro-consent-einholung-dem-macro-consent-banner-ueberlegen-ist/. Zugegriffen: 16. Sept. 2020.
Heller, E. (1989). *Wie Farben wirken. Farbpsychologie, Farbsymbolik, kreative Farbgestaltung*. Reinbek bei Hamburg: Rowohlt.
Heller, E. (2000). *Wie Farben auf Gefühl und Verstand wirken – Farbpsychologie, Farbsymbolik, Lieblingsfarben, Farbgestaltung*. München: Droemer.
Interactive Advertising Bureau (IAB). (2020). IAB Europe Transparency & Consent Framework Policies. Version 2020-08-24-3-2. Chapter II: Policies for CMPs. 5. Managing Purposes and Legal Bases. https://iabeurope.eu/wp-content/uploads/2020/08/TCF_v2-0_FINAL_2020-08-24-3.2.pdf. Zugegriffen: 24. Sept. 2020.
Kettner, S. E., Thorun, C., & Spindler, G. (2020). Innovatives Datenschutz-Einwilligungsmanagement, Abschlussbericht, vorgelegt bei: Bundesministerium der Justiz und für Verbraucherschutz. *ConPolicy – Institut für Verbraucherpolitik*. https://www.bmjv.de/SharedDocs/Downloads/DE/News/PM/090720_Datenschutz.html?nn=6705022. Zugegriffen: 02. Okt. 2020.
Rose, C. (2020). Yieldlab und Eat Smarter starten programmatische Vermarktung mit TCF 2.0 (13.08.2020). *One to One*. https://www.onetoone.de/artikel/db/325400cr.html. Zugegriffen: 18. Sept. 2020.
Schulz, S. (2020). Cookie Management 2.0 – Was folgt aus dem Urteil des BGH und den Guidelines der deutschen und europäischen Aufsichtsbehörden für Webseitenbetreiber? *Härting*. https://www.haerting.de/de/neuigkeit/cookie-management-20-was-folgt-aus-dem-urteil-des-bgh-und-den-guidelines-der-deutschen-und. Zugegriffen: 13. Sept. 2020.

Thaler, R. H., & Sunstein, C. R. (2019). *Nudge. Wie man kluge Entscheidungen anstößt*. Berlin: Ullstein.
Usercentrics. (2020). Die Optimierung der Opt-in-Rate – Eine neue Disziplin im Onlinemarketing. https://usercentrics.com/de/ressourcen/whitepaper-opt-in-optimierung/. Zugegriffen: 20. Sept. 2020.
Utz, C., Degeling, M., Fahl, S., Schaub, F., & Holz, T. (2019). (Un)informed Consent: Studying GDPR Consent Notices in the Field. *ACM Conference on Computer and Communications Security., 2020,*. https://doi.org/10.1145/3319535.3354212. Zugegriffen: 02. Okt.
Verdure. (2020). Konkrete Zahlen: Wie viele stimmen Cookies zu? https://www.verdure.de/magazin/technologie/cookies-akzeptanzrate-consent-marketing-zustimmung/. Zugegriffen: 18. Sept. 2020.
Watzlawick, P., Beavin, J. H., & Jackson, D. D. (2017). *Menschliche Kommunikation. Formen, Störungen, Paradoxien*. Bern: Hogrefe.

7

Die neue Macht der Verbraucher:innen – Der Wandel des Machtgefüges über digitale Identitäten (Gastbeitrag von Marissa Fuchs)

Zusammenfassung

Was Sie aus diesem Kapitel mitnehmen

- Wie aus Online-Signalen und Offline-Identifikatoren das digitale Identitätsprofil entsteht
- Welche Erwartungen Nutzer:innen an kanalübergreifende personalisierte Werbung haben
- Welchen Einfluss der Faktor Vertrauen auf die Einwilligung hat
- Warum Consent Management von Nutzer:innen als Schutz der digitalen Identität gesehen werden sollte

Vermutlich jeder kennt solche Situationen: Nach einem leckeren Mittagessen mit den Kolleg:innen ist man auf dem Rückweg ins Büro, während man noch einmal schnell durch die Newsfeeds der sozialen Medien scrollt. Und auf einmal ist er da: ein Werbebanner für die Winterjacke, über die man noch vor einer halben Stunde mit den Kolleg:innen gesprochen hat. Dabei ist der anfängliche Schrecken jedoch schneller vorbei, als er gekommen ist – ein gezielt umworbener

Rabattcode und vier Klicks später befindet sich die neue Winterjacke bereits auf dem Postweg zu uns. Dennoch bleibt beim Kauf oft ein komischer Beigeschmack. Wie kann es sein, dass die Winterjacke, die gerade noch Gesprächsthema beim Mittagessen war, nun ein offensichtlich platziertes Produkt auf meinen sozialen Kanälen ist?

Auf die Annahme, von den eigenen Smart Devices abgehört zu werden, folgt oft Empörung – eine Folgereaktion, die uns im Alltag häufig begegnet. Dabei hinterlässt der Mensch durch seine Onlineaktivitäten, bspw. durch Suchmaschinenrecherche oder Shopping, ununterbrochen individuelle Spuren, die nützliche Aufschlüsse über seine Interessen und Persönlichkeitsmerkmale geben. Diese ermöglichen Werbetreibenden, bspw. Publishern und Brands, Einblicke in die soziodemografischen Hintergründe der Verbraucher:innen. Durch die Rückschlüsse, die sich daraus wiederum auf das Kaufverhalten sowie Produktpräferenzen ziehen lassen, können Vorhersagen von Kaufabsichten getroffen werden. Mit Hilfe der Kombination dieser Online-Signale mit entsprechenden Online- und Offline-Identifikatoren (beispielsweise First- und Third-Party Cookies, mobilen Geräte-IDs und persistenten IDs) entsteht einer der wertvollsten Datenpools, die Werbetreibende über ihre Verbraucher:innen besitzen können: ein vollständiges Profil der digitalen Identität.

In einem Zeitalter, das Verbraucher:innen mit Werbereizen überflutet, sind Werbetreibende umso mehr incentiviert, Marketingbudgets effizient einzusetzen, um durch gezielte Ansprachen die richtigen Zielgruppen zu erreichen und somit ihren ROI zu erhöhen. Durch die starke Fragmentierung des digitalen Ökosystems – im Durchschnitt besitzt ein Verbraucher sieben sogenannte *Connected Devices* (Statista 2016) – müssen Werbetreibende zunehmend in die kanalübergreifende Wiedererkennung ihrer Verbraucher:innen investieren, um die Vollständigkeit der Verbraucher:innenprofile aufrechtzuerhalten und somit auch das Ausstrahlen von personalisierter Werbung zu gewährleisten. Entgegen der weit verbreiteten Annahme, dass aktive und zumeist direkte Kommunikation zu einer Irritation der Verbraucher:innen führt, ist es vielmehr eine wahrgenommene Dissonanz, die auf Verbraucher:innenseite für Irritationen sorgt: Nämlich dann, wenn aufgrund mangelnder Investition in eine kanalübergreifende

Wiedererkennung der Inhalt einer Nachricht mit der digitalen Identität der Verbraucher:innen kollidiert.

Tatsächlich sehen 63 % der Verbraucher:innen in personalisierter Werbeansprache einen Standardservice, den sie von Werbetreibenden erwarten (The Harris Poll und Redpoint Global 2019). Vier von zehn Deutschen schätzen es sogar, wenn ihnen Werbung angezeigt wird, die ihren Interessen entspricht (PwC 2019). Doch für Werbetreibende wird es erheblich schwieriger, die mitunter steigenden Kund:innenerwartungen an personalisierte Onlinedienstleistungen zu erfüllen. Denn wegen der neuen Vorschriften der DSGVO und E-Privacy hat sich eine neue Dynamik ergeben: Während Unternehmen in der Vergangenheit in der Lage waren, datengetriebene Marketingaktivitäten auf der Grundlage eines legitimen Interesses zu verfolgen, hat sich die Beziehung zwischen Werbetreibenden und Verbraucher:innen aufgrund der Notwendigkeit einer ausdrücklichen Zustimmung in eine andere Richtung entwickelt. Werbetreibende müssen von nun an um die explizite Erlaubnis bitten, die Daten ihrer Verbraucher:innen zu sammeln und zu verarbeiten, womit die Verbraucher:innen künftig in die Rolle der Entscheider:innen versetzt werden. Der Ausgang dieser neuen Dynamik entscheidet sich bereits am ersten Online-Kontaktpunkt zwischen Werbetreibenden und Verbraucher:innen: der *Consent Management Platform.* Hier bestimmen die Verbraucher:innen selbst, ob sie dem jeweiligen Werbetreibenden die Einwilligung und damit die Fähigkeit zur Verarbeitung von Informationen über ihre digitale Identität übergeben.

Der Zugang zur digitalen Identität steht und fällt mit der Einwilligung (engl. *Consent*) und dem damit verbundenen Vertrauensverhältnis zwischen Verbraucher:innen und Werbetreibenden. Das zeigt sich darin, dass Vertrauen auf Seiten der Verbraucher:innen eines der entscheidenden Kriterien darstellt, wenn es um die Zustimmung zur Datenverarbeitung geht. Verbraucher:innen sind eher bereit, ihre First-Party-Daten an Unternehmen weiterzugeben, denen sie vertrauen (Patel et al. 2020). Gerade vor dem Hintergrund, dass über 80 % der Verbraucher:innen besorgt sind, persönliche Daten online preiszugeben und sogar fast drei Viertel auf Grund von datenschutzrechtlichen

Bedenken aufhören würden, von einem Unternehmen zu kaufen oder eine Dienstleistung zu nutzen (Salesforce Research 2019), erscheint der Vertrauensfaktor noch bedeutsamer. Aus der Investition in den Aufbau einer Vertrauensbeziehung würden somit beide Parteien – Werbetreibende sowie auch Verbraucher:innen – einen erheblichen Nutzen ziehen: Während bspw. Unternehmen durch das Sammeln und Verarbeiten von First-Party-Daten ihre Verkaufsaktivitäten und Kundenbindungen verbessern können, profitieren die Konsument:innen im Gegenzug von personalisierten Ansprachen und interessenbezogenen Angeboten.

Als Verantwortlichem für die Datenverarbeitung obliegt es dem Werbetreibenden, bei der Nutzung von Verbraucher:innendaten die gegebenen Vorschriften einzuhalten. Die Investition in das Vertrauensverhältnis beginnt also bereits mit der richtigen Implementierung von Instrumenten zur Einwilligungseinholung. Sie sollten die Möglichkeit bieten, die Zustimmung zur Datenverarbeitung konform zu erteilen, wobei die Zustimmung stets unter gewissen offensichtlichen Voraussetzungen erteilt werden muss (bspw. freiwillig, granular, spezifisch etc.). Unter diesen Voraussetzungen liegt es dann in der Verantwortung der Verbraucher:innen, diese Anforderung anzuerkennen, sich der Dynamik zwischen Werbetreibendem und Verbraucher:innen bewusst zu werden und eine informierte Entscheidung über die Verwendung ihrer Daten zu treffen. Daten sind letztendlich einer der Haupttreiber des Internets, deren Nutzung unumgänglich ist, wenn die Verbraucher:innen kostenlose Inhalte genießen und Werbetreibende, insbesondere Publisher, ihre Plattformen betreiben wollen.

Mit der Ankündigung von Google, Third-Party Cookies ab 2022 zu blockieren, verliert die Werbebranche einen wichtigen Baustein, der zur Schaffung digitaler Identitäten beiträgt. Infolgedessen suchen Werbetreibende nach alternativen Online-IDs, die datengesteuerte Marketingaktivitäten aufrechterhalten können. Aufgrund dieses Wandels, in Verbindung mit dem zunehmenden Verständnis der Werbetreibenden für die Nutzung und Aktivierung ihrer First-Party-Daten durch Marketing-Technologien wie CDPs und CIPs, erscheint es unweigerlich, das Bewusstsein der Verbraucher:innen für 1) ihre eigene digitale Identität, 2) die Macht hinter ihren First-Party-Daten und 3) die Notwendigkeit einer Einwilligungserteilung zu erhöhen. Während dieser Wandel auf Seiten der Werbetreibenden bedeutet, Ressourcen in die Einholung der Einwilligung und die Informationsverbreitung zu investieren, könnte dies auf Seiten der Verbraucher:innen zunächst als Eingriff in die alltäglichen Onlineaktivitäten wahrgenommen werden. Dieses Empfinden wird jedoch nur so lange vorherrschen, bis die Verbraucher:innen aufgeklärt sind und sich darüber bewusst werden, dass die Erteilung ihrer Zustimmung keineswegs einen Nachteil mit sich bringt. Vielmehr stellt das *Consent Management* einen Mechanismus dar, der zum Schutz ihrer digitalen Identität (inkl. persönlicher Daten im Web), zur Aufrechterhaltung ihrer Wünsche und zur Stärkung des Vertrauensverhältnisses zum Werbetreibenden implementiert wird. Sobald ein Bewusstsein genau dafür hergestellt ist, ist der Punkt erreicht, an dem der nächste Kauf der Winterjacke ohne ein Schreckensgefühl als initiale Reaktion erfolgt.

Literatur

Patel, S., Field, D., & Leon, H. (2020). *Responsible marketing with first-party data.* Boston Consulting Group.

PwC. (2019). *Personalisierte Werbung und E-Privacy.* London: Pricewaterhouse Coopers.

Salesforce Research. (2019). *State of the connected customer, insights from over 8000 consumers and business buyers worldwide.* Salesforce.

Statista. (2016). Forecast on connected devices per person worldwide 2003–2020. https://www.statista.com/statistics/678739/forecast-on-connected-devices-per-person/. Zugegriffen: 13. Okt. 2020.

The Harris Poll & Redpoint Globa. (2019). *Addressing the gaps in customer experience.* The Harris Poll & Redpoint Global.

8

Die Zukunft der Consent-Management-Plattformen – ein Ausblick

Zusammenfassung

Was Sie aus diesem Kapitel mitnehmen

- Welche Entwicklungspotenziale wir bei CMPs noch sehen
- Wie CMPs Ihnen auch künftig beim Permission Marketing behilflich sein und Ihre Kund:innenkommunikation verbessern werden
- Weshalb auch das neue deutsche Datenschutzgesetz (TTDSG) keine Gefahr für CMPs darstellen wird
- Wie Sie den Einsatz einer CMP auch für Ihre positive Markenwahrnehmung nutzen können

Viele Firmen haben inzwischen eine Consent Management Platform im Einsatz. Tool-Auswahl, Implementierung, Bannergestaltung sowie Opt-in-Optimierung und Auswertung der Consent-Daten haben Zeit und Budget gekostet. Auch jetzt befinden sich noch viele Firmen mitten im Entscheidungs-, Auswahl- oder Implementierungsprozess.

Die in einschlägigen Newslettern und auf branchenrelevanten Portalen sich häufenden Nachrichten, dass Cookies langfristig ausgedient haben und dass das Tracking in der Zukunft methodisch anders umgesetzt werden wird, lassen die gesamte Tracking-Welt aufhorchen. Daher ist der bange Blick in die Zukunft gut nachvollziehbar: Lohnt sich der Aufwand für eine CMP überhaupt, wenn es bald keine Cookies mehr gibt? Wie werden sich CMPs in den nächsten Jahren entwickeln? Und wie sollen Unternehmen eigentlich bei den rechtlichen und IAB-seitigen Anforderungen mithalten können?

Die „gute" Nachricht gleich vorneweg: Auf eine CMP werden Sie auch mittelfristig nicht verzichten können – soviel steht fest. Eine datenschutzrechtliche Deregulierung ist in den nächsten Jahren kaum zu erwarten. Eher im Gegenteil: Mit der anstehenden ePrivacy-Verordnung und einer möglichen Gesetzesverschärfung in den USA wird Consent für die kommende Dekade fester Bestandteil vieler Datenverarbeitungen bleiben. Ob einem das gefällt oder nicht, sollte keine Rolle spielen, denn eine Wahl bleibt nicht. Die Unternehmen, die das Thema Consent Management sauber, zügig und professionell umsetzen, stellen sich nachhaltig und zukunftssicher auf – unabhängig von der jeweils eingesetzten Technologie. Sinn und Zweck der Einwilligung, und das dürfen wir nicht vergessen, ist schließlich nicht nur die Erlaubnis, Cookies setzen zu dürfen, sondern die Frage, ob die Nutzer:innen damit einverstanden sind, dass Sie Daten erheben und nutzen – sei es für Ihre Analysezwecke oder für eine bessere User Experience.

Was die technischen Möglichkeiten angeht, stehen wir immer noch am Anfang. CMPs sind nur etwas älter als zwei Jahre (Stand November 2020). Man muss sich nur andere Bereiche anschauen, wie beispielsweise das Customer Relation Management (CRM): Was die CRM-Tools von heute alles können und erledigen, davon vermochten die CRM-Tools von früher noch nicht mal zu träumen. Deshalb ist zu erwarten, dass sich viele CMP-Anbieter auf lange Sicht nicht auf Web- und App-Technologien beschränken werden.

8.1 Universal Consent und Permission Marketing

CMPs werden sich einerseits innerhalb der Datenarchitektur ausbreiten, um den sogenannten „universellen Consent" (Universal Consent) voranzutreiben. Damit sollen Nutzer:innen jegliche Datenerhebungen und Zustimmungen, ob zu Web- und App-Tracking, Newsletterversand, telefonischer Kontaktaufnahme etc. zentral verwalten können. Es gibt inzwischen bereits einige Universal-Consent-Plattformen, die auch die Bearbeitung von DSARs (Data Subject Access Requests), also Auskunftsersuchen, oder Löschanfragen für die eigenen Daten technisch einfach ermöglichen.

Andererseits werden sich CMPs stärker mit Marketing-Technologien vermischen und, wie bereits jetzt, als Schnittstellen zu relevanten Netzwerken wie dem IAB fungieren. Der „Erfinder" des Permission Marketings, Seth Godin, damals Vice President Direct Marketing bei Yahoo!, verfasste bereits 1999 eine Handreichung für Manager mit dem Titel „Permission Marketing: Turning Strangers into Friends, and Friends into Customers" (Godin 1999). Dieses Credo gilt heute mindestens genauso wie zum Zeitpunkt seiner Entstehung: Wir wissen inzwischen alle, dass Marketing an ganz verschiedenen Kontaktpunkten ansetzt und emotionalisieren soll. Wir duzen unsere Kund:innen und wir wollen ein enges Verhältnis zu ihnen. So ein fast freundschaftliches Verhältnis manifestiert sich auch in persönlichen Anrufen, Newslettern oder personalisierter Werbung im Internet.

Eine exakte Definition des „Permission Marketings" entstand 2002 und umfasst folgende Beschreibungen (Schwarz 2002, S. 988 und Wissmann 2013, S. 27):

1. Permission Marketing ist ein „auf dem Einverständnis des Empfängers" basierendes Direktmarketingkonzept.
2. „Mit interaktiven Kommunikationstechnologien werden Nachrichten versandt, die ausdrücklich erwünscht sind.
3. Die Erlaubnis dazu kann vom Empfänger jederzeit widerrufen werden.

4. Ziel des Permission Marketing ist es, eine nachhaltige Beziehung aufzubauen, indem im Einverständnis mit dem Empfänger Wissen über diesen gesammelt wird, um damit Angebote zu personalisieren."

Seit der Begriffsentstehung ist Permission Marketing zu einer immer wichtigeren Komponente des Marketings geworden und sein Siegeszug hält an. Die Vorteile dieser Werbemaßnahmen liegen auf der Hand, da das Angebot auf die Zielgruppe zugeschnitten werden, das Customer Engagement gefördert und damit letztlich ein größerer Umsatz generiert werden kann. Das Permission Marketing wird daher auch in der Zukunft eine tragende Rolle in Ihrem Marketing-Blumenstrauß spielen.

Eine CMP bietet Ihnen – je nach Funktionsumfang – die Möglichkeit, verschiedene Zustimmungen zu verwalten. Durch Schnittstellen können Sie den Consent auch außerhalb des initialen Banners einholen, beispielsweise über die oben genannten Micro-Consents. Dies ist vor allem dann interessant, wenn man Richtung Universal Consent denkt, und erleichtert Ihnen wie Ihren Nutzer:innen auch das Management des möglichen Opt-outs. Damit bieten Ihnen CMPs die Möglichkeit, in professioneller, inzwischen bekannter und akzeptierter Form an Ihre Website-Besucher:innen heranzutreten und die Zustimmung durch sympathische Mehrwertkommunikation zu gewinnen. Der vermeintliche Zwang zur Einführung eines Banners ist also nicht nur notwendiges Übel, sondern auch eine gute Möglichkeit, mit den Nutzer:innen der Seite direkt zu kommunizieren über das, was sie ganz persönlich betrifft, nämlich den Umgang mit den eigenen Daten.

8.2 Änderungen durch das TTDSG

Zwei der Hauptänderungen durch das gerade im Entwurf befindliche neue deutsche Datenschutzgesetz (TTDSG) könnten sein, dass Unternehmen erstens die Einwilligung über eine geschickte Vertragsgestaltung einholen können und zweitens eine Reaktivierung der Do-Not-Track-Option (= Opt-out/Opt-in per Browsereinstellung) stattfinden könnte. Wenn der Opt-in durch Vertragsvorgaben gegeben

8 Die Zukunft der Consent-Management-Plattformen ...

wird und die Möglichkeit der Browsereinstellung Nutzer:innen vom Bannerklick befreit, braucht es dann noch Consent-Management-Plattformen – ganz unabhängig von den generellen Überlebenschancen von Cookies?

Der Gesetzesentwurf ist neu und welche Bestimmungen letztlich in ein Gesetz einfließen, beziehungsweise welche Best-Practices sich dann herauskristallisieren, wird sich zeigen. Allerdings werden die Einwilligungen über das Banner aus heutiger Perspektive nach wie vor die beste Lösung darstellen, um rechtskonforme Datenerhebung zu ermöglichen. Neben der vertrauensbildenden Wirkung des „Nachfragens" könnten Firmen einerseits durch ein eigenes Banner auf der Seite die globale „Do-Not-Track"-Funktion des Browsers aufheben, da der Consent auf der einzelnen Website den individuellen Willen der Besucher:innen immer präziser abbilden wird als der vermutlich ein einziges Mal gegebene oder abgelehnte Consent in den Browsereinstellungen. So können mit Banner unter Umständen mehr Daten erhoben werden. Vor allem, wenn Sie die Mehrwerte aufzeigen, warum es sich besonders bei Ihrer Seite lohnt, die Zustimmung zu erteilen. Andererseits haben Sie auch nicht automatisch mit allen Nutzer:innen einen gültigen Vertrag und Sie könnten einige Nutzer:innen vergraulen, wenn Sie sie gleich beim Erstbesuch der Seite zu einem „Vertragsabschluss" einladen.

Ein realistisches Szenario ist auch, dass die Cookie-Banner zwar kurzfristig verschwinden könnten, die Websitebetreiber:innen jedoch nach der Überprüfung des Browser-Consent-Status im Falle der Nicht-Einwilligung trotzdem ein Pop-Up einsetzen werden, um die Nutzer:innen der Website darauf hinzuweisen, wie die Browser-Einstellungen angepasst werden können und warum die Einwilligung hier sinnvoll ist. Damit bleibt die „Belästigung" der Nutzer:innen durch Banner erhalten, nur dass es für die Nutzer:innen einen weiteren Schritt bedeuten würde, erst in die Browser-Einstellungen zu wechseln. Dieses Szenario zeigt, dass bei Nicht-Einwilligung im Browser das bisherige Cookie-Banner und eine CMP zur zentralen Verwaltung kaum abgelöst werden können, wenn Website-Betreiber:innen relevante Marketingdaten erheben wollen (Greiner 2020).

Gleichzeitig bleibt die Frage, ob die technische Realität dem Gesetz tatsächlich folgt und die Do-Not-Track-Funktion überhaupt reaktiviert wird. Diese war nämlich bereits in der ePrivacy-Richtlinie berücksichtigt und wurde von Browser-Anbietern nur kurzzeitig eingesetzt, da sie weder bei den Nutzer:innen noch bei den Analytics-Abteilungen große Beachtung fand.

8.3 Consent Management im Rahmen Ihrer Corporate-Digital-Responsibility-Strategie

Während der Begriff der „Corporate Social Responsibility (CSR)" seit den 1990er Jahren Unternehmen zu sozialem Engagement verpflichtet, sprechen wir seit etwa 2016 von der damit verwandten „Corporate Digital Responsibility (CDR)". Eine Corporate-Digital-Responsibility-Strategie ist inzwischen weit mehr als ein „Nice to have" und wird von Ihren Nutzer:innen durchaus eingefordert. Laut einer ConPolicy-Befragung gaben 88 % der Befragten an, dass sie Unternehmen in der Pflicht sehen, digitale Verantwortung zu übernehmen. Um diese Zahl in Relation zu setzen: Den Staat sehen nur 83 % in der Pflicht (Thorun et al. 2018, S. 1), was den 88 % bei Unternehmen durchaus großes Gewicht verleiht. Neben vielen anderen Feldern der digitalen Verantwortung deckt CDR auch den nachhaltigen und ethischen Umgang mit Kund:innendaten ab und ermahnt die Unternehmen, die digitale Selbstbestimmung der Individuen zu fördern und zu respektieren. In der bereits zitierten Befragung gaben 80 % bzw. 81 % der Befragten an, dass Datenschutz und Datensicherheit besondere Berücksichtigung bei der digitalen Verantwortung erfahren sollen (Thorun et al. 2018, S. 3) – das sind Platz eins und Platz zwei im Ranking der Themen.

Sollten Sie für diesen Themenbereich bereits eine Strategie der Verantwortung formuliert haben, wird Ihnen sicher auffallen, wie gut sich der Einsatz einer CMP darin einfügen wird. Falls nicht, kann die Implementierung einer CMP eine Initialzündung sein, zunächst Onlinedaten-Verarbeitungen in Ihrem Unternehmen kritisch zu prüfen, eine Cookie-Inventur zu machen und das Thema Consent künftig sauber zu lösen – als wichtiger Bestandteil Ihres Datenschutz- und Datensicherheitskonzeptes.

Ein angenehmer Nebeneffekt einer Corporate-Digital-Responsibility-Strategie ist natürlich ein Vertrauensgewinn und ein positiver Einfluss auf Ihr Markenerlebnis. Da ein Consent-Banner oft den ersten Eindruck vermittelt, den sich Ihre Nutzer:innen von der digitalen Verantwortung Ihres Unternehmens machen können, ist der Einsatz einer CMP und dessen Ausgestaltung sozusagen die digitale Visitenkarte Ihrer CDR im Bereich Website und App. Dabei geht es nicht nur um einzelne Bestandteile des Wordings und der Erscheinung, sondern auch um ein größeres und umfassenderes Vertrauen in Ihre Marke. Wie bei den Optimierungspotenzialen ausführlich dargestellt, ist Vertrauen ein wichtiger Aspekt für das Geben von Consent und Ihr verantwortungsvolles Engagement keine Einbahnstraße: Wenn Nutzer:innen den Eindruck gewinnen, dass im Consent-Banner transparent agiert wird und Datenschutz wirklich ein wichtiges Anliegen des Unternehmens ist, zahlt das auf die Markenidentität ein. Ein sehr ethisches und nachhaltiges Bild eines Unternehmens kann wiederum dafür sorgen, dass man der Datenerhebung eher zustimmt. Aus der Praxis haben wir die Erfahrung, dass die Marken, die zu den sympathischsten zählen, auch überdurchschnittlich hohe Opt-in-Raten haben. Diese Reziprozität zeigt, dass es einen Zusammenhang zwischen Trust & Opt-in-Rate gibt. Transparenz, Sicherheit, Individualität und hohe Datenschutzansprüche sind Werte, die über ein solches Banner vermittelt werden können und nicht zuletzt dem so oft bemühten Recht auf informationelle Selbstbestimmung und Vertraulichkeit der (elektronischen) Kommunikation zur vollen Entfaltung verhelfen.

Wenn das Vertrauen Ihrer Nutzer:innen in Ihre Firma eines der Hauptziele Ihrer CDR-Strategie ist (und das sollte es sein), dann ist Transparenz sicher eines der wichtigsten Mittel. Beim Blick in die Glaskugel zeichnet sich ab, dass sich CMPs auch in Richtung Aufklärung entwickeln könnten. Mit Informationsangeboten für Nutzer:innen, was mit der Datenerhebung und den Zwecken genau gemeint ist, kann echter Mehrwert entstehen. Von Links zu Glossaren und Info-Blogs auf Ihrem Banner bis hin zur Einbindung von Datenschutz-Quizzes mit

Gamification-Aspekt sind den Möglichkeiten letztlich keine Grenzen gesetzt. Damit begegnen Sie den Nutzer:innen mit Offenheit, der Wahrnehmung eines Bildungsauftrags, hin zu mehr „Privacy Literacy", und einer sympathischen Kommunikation.

Welche Ideen können Sie also für Ihr Unternehmen mitnehmen? Sie könnten einen Hinweis auf eine Niederschrift Ihrer CDR-Strategie verlinken und betonen, wie wichtig Ihnen der Datenschutz ist. Kommunizieren Sie offen und versuchen Sie nicht, über mögliche Risiken hinwegzutäuschen. Aufklärung, Sensibilisierung und informationelle Selbstbestimmung sind letztlich die Triebfedern der DSGVO, der wir alle die Consent-Management-Plattformen zu verdanken haben. Und auch hier gilt: Sehen Sie die Bemühungen um ein reines digitales Gewissen nicht als lästige Pflicht, sondern als Anreiz, Prozesse glattzuziehen, intern wie extern Transparenz zu schaffen, saubere Zustimmungen einzuholen und vor allem als Chance, sich als Marke mit hohem ethischen Anspruch in der Digitalisierung zu positionieren. CMPs sind Features, keine Bugs. Und kurz- wie mittelfristig werden wir nicht auf sie verzichten können.

Ihr Transfer in die Praxis

- Bedenken Sie gleich bei der Auswahl Ihrer CMP, ob Sie perspektivisch eine umfangreichere Lösung für Universal Consent brauchen könnten.
- Sammeln Sie dafür Anforderungen in den relevanten Abteilungen und evaluieren Sie die Wichtigkeit des Permission Marketings bei sich im Unternehmen.
- Besprechen Sie die eventuellen Änderungen durch das TTDSG hinsichtlich der Optionen der Vertragsgestaltung mit Ihrer Rechtsabteilung und bereiten Sie Ihr Analytics-Department auf ein mögliches Revival von Do-Not-Track vor.
- Falls Sie sich noch keine Gedanken über eine CDR-Strategie gemacht haben, starten Sie dazu eine interne Taskforce und informieren Sie sich gegebenenfalls über eine externe Beratung zum Thema, die Sie bei den nächsten Schritten unterstützen kann.
- Entscheiden Sie über die Wichtigkeit einer solchen Strategie und den richtigen Zeitpunkt für einen Start; ab einer gewissen Unternehmensgröße werden Sie dauerhaft nicht drum herum kommen, wenn Sie wettbewerbsfähig bleiben wollen.

Literatur

Godin, S. (1999). *Permission Marketing: Turning Strangers into Friends, and Friends into Customers.* New York: Simon & Schuster.

Greiner, R. (2020). Ein neues deutsches Datenschutzgesetz (TTDSG) und die Zukunft des Consent Managements (13.08.2020). *FELD M.* https://www.feld-m.de/ein-neues-deutsches-datenschutzgesetz-ttdsg-und-die-zukunft-des-consent-managements/. Zugegriffen: 19. Aug. 2020.

Schwarz, T. (2002). Grundlagen des Permission Marketing. In H. Dallmer (Hrsg.), *Das Handbuch Direct Marketing & More* (8. Aufl., S. 984–1005). Wiesbaden: Gabler.

Thorun, C., Kettner, S. E., & Merck, J. (2018). Ethik in der Digitalisierung – Der Bedarf für eine Corporate Digital Responsibility. *FES WISO Direkt.* https://library.fes.de/pdf-files/wiso/14691.pdf. Zugegriffen: 09. Okt. 2020.

Wissmann, J. (2013). *Einwilligungen im Permission Marketing – Empirische Analysen von Determinanten aus der Sicht von Konsumenten.* Wiesbaden: Springer Gabler.

9

Fazit und Key-Takeaways

Zusammenfassung Bei der Lektüre dieses Büchleins haben Sie einerseits die notwendigen rechtlichen Abwägungen bezüglich CMPs an die Hand bekommen – in einer Auslegung, die rechtskonform ist, Ihnen aber gleichzeitig den größtmöglichen Gestaltungsspielraum geben will. Andererseits wurden Ihnen ganz praktische Tipps und Anleitungen an die Hand gegeben, was Sie bei der technischen Umsetzung und aus Marketing-Perspektive beim Einsatz und der Auswahl einer CMP bedenken müssen.

> **Key-Takeaways**
> - Bevor Sie mit dem Prozess starten, holen Sie alle Stakeholder:innen ins Boot und überlegen Sie gut, was Sie brauchen und welche Funktionen eine CMP für Ihre ganz speziellen Anforderungen erfüllen soll.
> - Sorgen Sie für ein wohlwollendes Umfeld, in dem alle Beteiligten wissen, warum es wichtig ist, eine CMP einzusetzen und warum sich der Aufwand lohnt. Nehmen Sie Bedenkenträger:innen ihre Ängste, erklären Sie die Funktionsweise, zeigen Sie Mehrwerte auf. CMPs werden uns noch viele Jahre begleiten. Widerstreben und Argwohn sollten möglichst schnell aus dem Weg geräumt werden.

- Legen Sie Ihre Prioritäten fest und entscheiden Sie sich anhand eines Kriterienkatalogs für die perfekte Lösung.
- Evaluieren Sie Ihr bestehendes Tech-Setup und leiten Sie davon ab, wie Ihre CMP am besten implementiert werden muss
  - TCF 2.0-konform?
  - Privacy Wall vs. Privacy-Banner?
  - Binäre Auswahl oder differenzierte Einstellungen auf erster Ebene?
  - Welche Cookie Clusterung bietet sich an?
  - Native Implementierung oder via Tag-Management-System?
- Berücksichtigen Sie die hier im Buch beschriebenen Best Practices zur Bannergestaltung schon bei Ihrem ersten Entwurf und optimieren Sie Ihre Opt-in-Rate durch A/B-Tests. One-size-fits-all gibt es nicht. Finden Sie die für Sie am besten funktionierende Variante.
- Holen Sie sich bei Bedarf externe Hilfe – sowohl bei rechtlichen Entscheidungen als auch bei der technischen Implementierung oder bei der Optimierung der Bannergestaltung und Testumsetzung. Ihr CMP-Anbieter kann Ihnen entweder Agenturen und Beratungen empfehlen oder Sie googlen einfach.
- Bleiben Sie up to date, was in diesem Bereich passiert. Abonnieren Sie einen neutralen Newsletter zum Thema oder lassen Sie sich von Ihrem Anbieter über juristische und technische Neuerungen informieren. Die Consent-Management-Welt entwickelt sich schnell.

Glossar

A/B-Testing auch Split-Test genannt; ist eine Testmethode zur Bewertung zweier verschiedener Varianten, um herauszufinden, welche der beiden die besseren Ergebnisse liefert

Advertiser Werbetreibender; hier: der Website-Betreiber, der verschiedene Vendoren eingebaut hat, damit bei den Publishern seine Anzeigen ausgespielt werden

Bounce-Rate Absprungrate; je nach verwendetem Tool oder getroffener Einstellung, die Rate an Website-Besucher:innen, die die Website ohne weitere Interaktion mit der Landingpage wieder verlassen

CCPA California Consumer Privacy Act, in Vollzug seit 14. August 2020

CDR Corporate Digital Responsibility

Consent-Rate siehe Opt-in-Rate

Cookie kleine Textdatei, mit der die Benutzer:in einer Website identifiziert und Informationen gespeichert werden können

Cookie-Konzept Übersicht der auf einer Website verwendeten Cookies, im Idealfall geclustert nach Verwendungszweck und First- und Third-Party Cookies

Cookie Wall siehe Privacy Wall

Data Controller Verantwortlicher im Sinne der DSGVO; eine Person oder Organisation, die entscheidet, wie personenbezogene Daten verarbeitet werden

Data Processor Auftragsverarbeiter im Sinne der DSGVO; eine Person oder Organisation, die für einen Verantwortlichen (Data Controller) personenbezogene Daten verarbeitet

DSGVO Europäische Datenschutz-Grundverordnung, trat am 25. Mai 2018 in Kraft

DSK Datenschutzkonferenz; Gemeinsames Gremium aller Aufsichtsbehörden der Länder und des Bundes

ePrivacy/ePVO ePrivacy-Verordnung, befindet sich derzeit (Stand Oktober 2020) im Gesetzgebungsverfahren

First-Party Cookie Cookie, der von der Organisation gesetzt wird, auf deren Website man sich gerade befindet

IAB Europe Interactive Advertising Bureau; das IAB hat das „Transparency and Consent Framework (TCF)" geschaffen, um Publishern, Vendoren und Werbetreibenden zu ermöglichen, ihre Maßnahmen und Geschäftsmodelle DSGVO- und ePrivacy-konform und gemäß einem Standard umzusetzen

No-Action-Rate Rate der Website-Benutzer:innen, die nicht oder nicht im Sinne einer Willensäußerung mit dem Consent-Banner agieren, d. h. weder auf „Zustimmen" noch auf „Ablehnen" klicken. Die Nicht-Interaktion oder das Schließen des Banners durch Klick auf „x" führt dazu, dass keine nicht-notwendigen Cookies gesetzt werden dürfen

Opt-in-Rate Rate der Website- oder App-Nutzer:innen, die ihre Einwilligung erteilen bzw. auf Ihrem Consent-Banner auf „Akzeptieren" klicken. Die Opt-in-Rate kann nach Verwendungszwecken gemäß Ihrer Cookie-Clusterung differenziert werden. Sie berechnet sich durch „Anzahl der Nutzer:innen, die die Zustimmung erteilen, geteilt durch die Gesamtzahl der Website- oder App-Besucher:innen"

Opt-out-Rate Rate der Website- oder App-Nutzer:innen, die ihre Einwilligung nicht erteilen bzw. auf Ihrem Consent-Banner auf „Ablehnen" klicken. Die Opt-out-Rate kann nach Verwendungszwecken gemäß Ihrer Cookie-Clusterung differenziert werden; grundsätzlich lässt sie sich berechnen, indem die Anzahl der Nutzer:innen, die der Datenerhebung widersprechen, durch die Gesamtzahl der Website- oder App-Besucher:innen geteilt wird

Piggybacking Ein Tag oder Cookie eines unbekannten Anbieters wird von einem bekannten, akzeptierten Anbieter „huckepack genommen" und bekommt damit ebenfalls Zugang zu den Daten der Nutzer:innen

Privacy Wall Ein Consent-Banner, das zur Interaktion zwingt, da die Website sonst nicht genutzt oder angesehen werden kann. Dieses Banner kann einen Teil des Viewports (siehe „Viewport") oder den gesamten Viewport einnehmen. Des Weiteren kann man zwischen einer „soften" und einer „harten" Privacy Wall unterscheiden. Die „softe" Variante ermöglicht eine binäre Auswahl zwischen „Annehmen" und „Ablehnen", die „harte" erlaubt nur die Zustimmung und kann damit einer Nutzungsverweigerung der Seite gleichkommen, wenn kein Consent gegeben wird. Dies ist rechtlich kritisch, siehe den Punkt *Freiwilligkeit* im Kapitel (Abschn. 1.6) *Konform einwilligen im Web*

Proxy-KPI Indirekter oder stellvertretender Indikator, der sich einem Phänomen annähert oder Aufschluss über die Aussagekraft eines anderen Indikators gibt

Publisher ermöglicht es Advertisern, Anzeigen in seinen Apps oder auf Webseiten zu schalten; große Publisher sind etwa Facebook, Google, Amazon, Axel Springer etc.

Re-Marketing Maßnahmen, mit denen Website-Besucher:innen oder Kund:innen auf anderen Websites oder Plattformen gezielt angesprochen werden; Anzeigen können personalisiert werden, was einen höheren Werbeerfolg verspricht, daher aber einer Einwilligung bedarf

Re-Targeting siehe Re-Marketing

TCF 2.0 Transparency & Consent Framework; Standard des IAB Europe, wie Werbetreibende Zustimmung einholen müssen, wie die Publisher, Vendoren und Werbetreibenden untereinander die Zustimmungen kommunizieren und Nutzer:innen Einwände gegen die Verarbeitung ihrer Daten erheben können

Third-Party Cookie Cookie, der durch einen Dritten gesetzt wird, nicht von der eigentlichen Website, auf der man sich gerade befindet

TKG Telekommunikationsgesetz

TMG Telemedien-Gesetz

TTDSG Telekommunikations-Telemedien-Datenschutz-Gesetz (Entwurfsstadium, Stand Oktober 2020)

Vendor hier der Anbieter einer Technologie, die auf der Website eingebaut ist

Viewport Sichtfenster auf einem Bildschirm, also der Teil der Website, der ohne Scrollen in Ihrem Browser auf einmal gesehen werden kann

Noch mehr kluge Bücher

Jetzt bestellen: springer-gabler.de

 springer-gabler.de

Kluge Bücher

Jetzt bestellen: springer-gabler.de

The manufacturer's authorised representative in the EU is Springer Nature Customer Service Centre GmbH, Europaplatz 3, 69115 Heidelberg, Germany. If you have any concerns regarding our products, please contact ProductSafety@springernature.com

Printed and bound by CPI Group (UK) Ltd, Croydon, CR0 4YY
23/03/2026
02076749-0002